新生儿婴儿
早期教育指南

按月龄详细讲解新生儿婴儿早期教育重点及方式方法

王书荃　任玉风　罗　静　思　愔◎主编

中国婦女出版社

图书在版编目（CIP）数据

新生儿婴儿早期教育指南 / 王书荃等主编. -- 北京 ：中国妇女出版社，2023.1
ISBN 978-7-5127-2168-5

Ⅰ.①新… Ⅱ.①王… Ⅲ.①婴幼儿－早期教育－指南 Ⅳ.①G61-62

中国版本图书馆CIP数据核字（2022）第180149号

责任编辑：王海峰
责任印制：李志国

出版发行：中国妇女出版社
地　　址：北京市东城区史家胡同甲24号　　邮政编码：100010
电　　话：（010）65133160（发行部）　　65133161（邮购）
网　　址：www.womenbooks.cn
邮　　箱：zgfncbs@womenbooks.cn
法律顾问：北京市道可特律师事务所
经　　销：各地新华书店
印　　刷：北京通州皇家印刷厂

开　　本：170mm×240mm　1/16
印　　张：17.5
字　　数：200千字
版　　次：2023年1月第1版　　2023年1月第1次印刷
定　　价：98.00元

本书编委会

主编

王书荃

中国教育科学研究院研究员、教授，国家高级心理咨询师。中国关心下一代工作委员会专家委员会委员，中国优生优育协会专家指导委员会委员，中国心理学会心理学标准与服务研究委员会常务委员，中国心理学会心理学普及工作委员会常务委员。主要著作有《中国婴幼儿身心成长指南》《婴幼儿的智力发展与潜能开发》《幼儿智力潜能开发》等。

任玉风

中国科学院心理研究所儿童发展与教育心理学研究生。中国优生优育协会特殊教育专业委员会办公室主任。长期从事教育实践及早期教育研究工作。曾任中国管理科学研究院教育科学研究所执行所长，北京儿童发展评估指导中心副主任。曾参与出版《0～6岁成长测评》《0～1岁宝宝教养手册》《1～2岁宝宝教养手册》《2～3岁宝宝教养手册》《新生儿婴儿护理养育指南》等。

罗 静

中国科学院心理研究所医学心理学博士，儿童发展心理学博士后。中国关心下一代工作委员会儿童发展研究中心科学早教专业委员会特聘专家、儿童安全教育专业委员会执行副主任，中国心理学会科普委员会委员，中国优生优育协会理事。主要著作有《教育总会有办法》《陪伴是更好的教养》《爱从懂孩子开始》《读懂孩子的敏感期》《探索着长大》等。

思 愔

中国科学院心理研究所儿童早期教育指导师，家庭教育高级指导师，国际注册音乐（奥尔夫）教育指导师，中国音乐家协会电子琴考级评委，NLP专业执行师，中国下一代教育基金会关爱母婴成长基金——育婴顾问公益培养计划课程总负责人。

编委

蔡小玫

中级育婴师，微信公众号“育儿跬步”创始人

董　璠

中国下一代教育基金会关爱母婴成长基金——育婴顾问公益培养计划讲师

刘菲菲

中国下一代教育基金会关爱母婴成长基金——育婴顾问公益培养计划讲师

刘玉娟

中国教育科学研究院德育与心理特教研究所副研究员

马　秀

高级育婴师，国家二级心理咨询师

宗文革

北京教育学院丰台分院学前教研室教研员，北京市学前儿童保教工作者协会理事

编者的话

自《新生儿婴儿护理养育指南》上市之后，我们不断收到销售渠道以及读者的反馈："有没有相配套的早期教育指南？"虽然我们后续也推出了《0～3岁婴幼儿早期教育指南》，但是很多家长认为此书年龄跨度相对较大、内容还不够精准、实操性内容不足，更重要的是和《新生儿婴儿护理养育指南》一书难以配套使用，因此不够实用。正是基于广大读者的迫切需求，我们又推出了这本《新生儿婴儿早期教育指南》。

根据敏感期和大脑发育理论，人类各项能力发展的敏感期集中出现在生命最初3年，尤其是生命最初1年。人生第1年是人一生中最为独特和重要的发展阶段，也是孩子发展的机会之窗。也就是说，0～1岁是神经系统发育最快的时期，是各种能力发展、各种潜能开发最为关键的时期，是孩子感官、动作、语言、智力、心理发展的奠基时期，因而也是进行早教启蒙最好的时期。早期教育的核心在于提供一个教育营养丰富的环境，对孩子的大脑发育和人格成长进行"激活"，从而为其日后的健康发展打下坚实的基础。

本书的逻辑起点主要有两个，一个是儿童自身发展的过程和特点，另一个是家庭环境对儿童发展的影响和作用。

在本书的“开篇”，我们将明确地告诉广大家长什么是早期教育、早期教育的重要性、早期教育的实施方法等，旨在全方位帮助在家庭早期教育方面有困惑的家长，从而真正帮助每一个孩子健康成长。

“开篇”之后的“8 大部分”，我们以年龄为分段依据，以发展速度为划分年龄阶段的依据，将 0 ～ 1 岁划分为 8 个阶段，并在此基础上详细讲述每个阶段的教育重点及教育方法。其中，6 个月以前，每个月为一个阶段；6 个月至 1 岁，则划分为 3 个阶段。在每个阶段，我们分别从运动、语言、认知、情绪四个维度出发，系统、全面地向广大家长展示 0 ～ 1 岁婴儿生长发育的全过程，以及每个阶段的独特之处和家庭早教策略。每一阶段发展的独特之处，是发展的重点，也是教育的重点。

关于本书内容，我们以《0 ～ 3 岁婴幼儿早期教育指南》一书中 0 ～ 1 岁新生儿婴儿的早期教育的部分内容为基础进行了全新编排和升级，尤其加强了实操内容的权重。比如，对于每一年龄阶段的婴儿的早期教育，我们编排了很多能力促进亲子游戏，旨在让广大家长在家庭早教中真正做到“有可为”。

我们希望这本书能够真正帮助广大家长掌握科学的育儿理念、系统的育儿知识、可行的育儿方法，从而真正让孩子在健康的环境中健康成长。

王书荃

中国教育科学研究院研究员、教授

国家高级心理咨询师

2022.11

目　录

开　篇　早期发展与早期教育

第一部分　新生儿的早期教育

第二部分 2个月婴儿的早期教育

第四部分 4个月婴儿的早期教育

第五部分 5 个月婴儿的早期教育

第六部分 6 ~ 8 个月婴儿的早期教育

第八部分 11 ～ 12 个月婴儿的早期教育

开 篇

早期发展与早期教育

不可忽视的早期教育

儿童早期发展不等同于早期教育。早期发展强调的是儿童生长发育的自然过程。儿童的生长发育必须经历一系列自然的发育过程，如体格发育、认知发展、技能学习等。

早期教育是尽可能创造最好的环境，提供最充分的支持，促进这些过程的实现。也就是说，创造环境、提供支持以促进孩子发展就是教育。

我们可以通过科学喂养、生理保健来增强孩子的体质。我们也可以通过环境创设，有计划、有目的地训练孩子的各种生活技能。

科学开展儿童早期教育具有多重效益，这种效益不仅是个体的而且是社会的，不仅是当下的而且是长远的。科学开展儿童早期教育在使儿童充分受益的同时还可以为社会创造经济效益，给个体和社会带来高回报。

儿童各种能力的发展具有累积性

从发展特点来看，儿童的发展具有累积性，儿童早期发展是后期发展的基础。要科学关注儿童的早期发展，越早关注，效果越好。科学的早期教育的结果体现在提高学习成绩、减少少年犯罪、给个人和社会创造较高的经济回报等方面。总之，一个人学业、事业成功与否，很大程度上取决于人生早期奠定的基础。

早期教育对大脑的发展意义深远

儿童早年生活环境不仅影响脑神经细胞的激活和联结，而且影响其联结方式。儿童出生后，其神经元有一个“突触发生”的过程，突触

的发生形成了神经联系，即神经通路（网络）。人的思维活动靠的就是这些神经联系。神经联系形成后，如果反复被使用，很多联系就会成为永久的联系；如果很少被使用，有些联系就会逐渐消退。我们称这一过程为“神经修剪”。

儿童出生后，各种良好的环境因素（如健康、营养、照料、刺激、与他人的互动等）对其脑功能的影响将一直延续到青春期。与缺乏良好的早期输入的同龄人相比，有良好的早期输入的儿童在许多方面将显现早期发展良性的累积效应。

其实，经验对儿童发展是十分重要的。所谓经验，简单讲就是“经历过的事情”。比如，我们都坐过公共汽车，这就是我们的经验。经验对于神经联系意义深远。在生命早期，若缺乏适当的刺激，得不到形成丰富的稳固的神经联系所需要的足够的经验，孩子的很多神经联系都会消失。而丰富的生活环境，可以使孩子获得充足的可促进其发展的经验。

良好情绪、行为的养成是健康人格发展的基础

一说到早期教育，很多家长认为就是学习知识，比如认字、背唐诗、学外语等。其实，真正影响人一生的，是人生早期的体格发育和情绪、行为发育。

科学研究发现，人自身的许多问题都源于人生早期。比如，小学生的学习问题、大学生的抑郁问题、成人的精神问题以及不良人格等都与婴幼儿时期的生活环境及教育有关。

从孩子出生开始，我们就要给孩子充分的关爱。从小没有得到足够关爱的孩子，很难懂得爱，也不会去爱别人。在没有尊重、没有关怀、没有欢乐的家庭长大的孩子的性格和心理更容易出现问题，而且这会进一步影响其将来的学业和事业的发展，以致终生没有幸福感。

儿童早期教育投入具有潜在的高回报率

从经济学的角度来看，投资儿童早期教育具有潜在的高回报率。美

国高瞻佩里学前项目曾对有无充足早期教育的两组儿童的终身经济产出和各种社会成本进行估算，结果发现，有充足早期教育的儿童投资回报率是对照组儿童的 7 倍。

另有研究表明，各种对儿童的早期干预都具有长效性，效果体现在儿童不易生病、更好养育，可节省家庭和社会在个体学业、就业上的投入，可降低因失误、吸毒、犯罪等导致的经济损失，可避免或延缓儿童在发展中出现的问题，可提高个体终身的经济产出等。

早期教育有助缓解经济和社会上的不平等

关注儿童早期教育有助于缩小环境条件好的与环境条件不好的儿童在发展上的距离，减少个体间的差异，缓解经济和社会上的不平等。事实表明，来自困难家庭的儿童、残疾儿童相比对照组儿童更易从儿童早期教育中获益。因此，关注儿童早期发展不仅可能造就超常儿童，更为实用的是可以使普通儿童更聪明，并有助于心智不佳儿童的康复与发展。

关注儿童早期发展，更好地开展早期教育，可以使问题儿童的早期发现和干预成为可能。对弱智儿童的早期发现、早期干预，可以提高他们的发展水平，甚至减少特殊教育的投入。

总之，在全球竞争越来越激烈的今天，一个身体、心智、社会和情感能力发展良好的个体，相较而言在各方面都有机会处于更有利的地位，会为家庭、社区、国家作出更多的贡献。

联合国教科文组织发布的《全民教育全球监测报告》指出，幼儿教育具有独特的个体和社会发展价值，因为“人类大脑的实际构造是由出生后的经验而不是由遗传所决定的”，“幼儿的早期经验可极大地影响脑部复杂的神经网络结构”，“遗传提供的是基础，生活体验塑造的是精神与灵魂”。所以，早期教育本质上是对大脑潜能的开发，是促进儿童早期发展的有效途径之一。

人生早期各项能力的发展规律

婴幼儿的身心发展水平取决于神经系统的发育水平，而神经系统的发育水平会通过基本行为表现出来。经过多年的研究，人们把儿童的行为分为运动、语言、认知、情绪社会化四大部分，我们在这里把每一部分称为一个领域。这些领域构成了婴幼儿早期发展的全部内容。

我们必须充分了解婴幼儿早期发展的特点，继而创造适宜婴幼儿生长特点的环境，才能促进婴幼儿更好地发展。

人生早期运动能力发展规律

相对来讲，0 ~ 3 岁婴幼儿的运动指他们力图尝试自由地控制自己的身体，以便达到某种目的。这里的运动包括俯卧时的抬头，被触手心后的抓握，自然而然出现的坐、立、走、跑、跳、摇动、摆弄、拇食指对捏、握笔乱画等。这些运动能力表现在动作的发展上，不仅与婴幼儿整个神经、心理的发展密切相关，而且在某种程度上标志着婴幼儿心理发展的水平。婴幼儿运动能力的发展具有一定的客观规律。

规律一：由首至尾

孩子最先学会的是头部动作，如抬头、转头，然后是俯撑、翻身、坐、爬等躯干动作，接着是抓、握、伸手、挥臂等手部和臂部动作，最后是直立、行走、跑、跳等腿部和足部动作。

规律二：由近及远

孩子最早发展的是身体中线上的动作，如头和躯干部的动作，然后是臂部和腿部的动作，最后才是手指部的精细动作。总之，越远离躯干的部位，动作发展越迟。

规律三：由粗到细

孩子一般先学会运动幅度较大的动作，如全身舞动、腿和手臂的大肌肉动作，然后逐渐掌握手和脚的精细动作，如拍球、使用剪刀、搭积木等。这表明婴幼儿动作发展遵循从最初的整体性、全身性向局部化、

专门化过渡的规律。

规律四：由无意向有意

孩子动作发展的规律不可避免地会依从心理发展的规律，是从无意向有意发展。也就是说，其动作的发展随着时间的推进越来越受心理、意识支配，如孩子的绘画一般是从早期的乱涂乱画，逐渐发展到准确地画点、描线，甚至有意识地描摹实物或别人的画。

规律五：由泛化到集中

孩子出生后的动作发展会遵循从泛化的全身性动作向集中的专门化动作发展的规律。孩子最初的动作是全身性的泛化动作，是笼统的、无规律的。例如，新生儿在受到疼痛刺激后会哭闹，并有全身性活动。而在新生儿期后，婴儿的动作逐渐分化，开始向局部化、准确化和专门化发展。

人生早期语言能力发展规律

人的语言能力的发展不是从会说话的那天开始的，孩子自呱呱坠地起便开始学习语言。从出生到 1 岁半左右的语言学习，为孩子正式的语言运用做好了准备。可以说，出生后的第一年是孩子言语发生的准备阶段，我们称这一阶段为前语言阶段。

儿童的前言语阶段，是语言获得过程中的语音发展核心期。这期

间，围绕语言最外在的实际显现——语音，儿童发展了三方面的能力，即前语音感知能力、前语言发音能力和前语言交际能力。这三方面能力的获得，使儿童得以进入下一个运用语言去学习和交往的阶段。

在前语言阶段，儿童感知语音的能力是他们获得语言的基础。正常儿童在这段时间内不仅能够听到声音，而且能以某种帮助自己学习语言的方式去感知语言。除了大量地获得感知语言的经验外，在出生后的一年时间里，儿童学习语言的进程将开启另一个重要阶段——前语言发音。儿童尝试掌握本民族语音的发音能力，是他们为正式使用语言与人交往所做的重要准备。前语言发音指儿童正式说话之前的各种发音，类似于说话之前的语音操练。

实际上，在3岁前，孩子语言的发展是一个连续的、有次序的、有规律的过程，也是一个不断由量变到质变的过程。这里的婴幼儿语言的发展指婴幼儿对母语的理解和表述能力的发展。母语往往是人们掌握的第一语言。在婴幼儿期，除非有严重的语言学习障碍，一般婴幼儿均能成功地学会母语口语。

婴幼儿语言发展既有普遍性又有差异性，主要受先天和后天因素的制约。成人要细心观察和了解婴幼儿语言发展的特点和状况，制订符合婴幼儿语言发展特点、可促进婴幼儿语言在原有水平上不断提高的教育方案。

成人最好引导婴幼儿用语言表达自己的需求，给孩子提供讲话的机会，让孩子循序渐进地学习讲话，更要多给孩子鼓励和奖赏，诱导孩子“输出”语言，切忌“包办代替”。

人生早期认知能力发展规律

孩子一出生，就要去了解、适应这个陌生的世界。小婴儿阶段，孩

子不仅仅有反射动作，还表现出了动作与感觉的协调。比如：当看见在眼前移动的红球，眼睛就会追随红球移动；当听到悦耳的或熟悉的声音，就会去寻找；等等。通过感觉器官去发现，通过动作与感觉的协调去寻找，这就是认知的开始。

婴幼儿的感知过程是这样的，先依靠眼、耳、鼻、舌、皮肤等感觉器官去接受刺激、收集信息，然后通过中枢神经将接收到的各种刺激和信息转变为视觉、听觉、嗅觉、味觉、触觉等知觉，最后通过中枢神经系统进一步将知觉整合成为感知。而认知能力的发展，是完全建立在感知能力长足发展的基础上的。婴幼儿用手去摆弄物体、抓握物体，这就是通过触觉去感知、去认识。

婴幼儿认知能力的发展与手的精细动作和手眼协调密切相关，比如用手触摸看到的物体、用手使用简单的工具、用手的运动增长经验、用手表达等。因此，强化手的精细动作的训练可以促进认知能力的发展。可以说，个体用手操作事物的能力也是认知能力发展的基础和重要组成部分。在婴幼儿时期，或者说在神经组织形成时期，感觉刺激非常重要，它可以促进神经通路的发展。

1 岁左右的婴幼儿，已经知道使用一些方法获得想要的物品，也就是说知道了方法与目的之间的关系，例如，他们可以用一根小棍去够用手拿不到的东西。至少在 1.5 岁时，幼儿已能使用具有自身特点的行为模式来探索外界事物。

此外，成人用语言帮助儿童将他们通过感觉器官收集到的信息表达出来，甚至将他们的各种感官印象联系起来，可大大提高儿童的认知能力。因为将感官获得的经验与语言联系起来，是内联想的基础，也是智力发展的基础。

人生早期情绪能力发展规律

实际上，3 岁前孩子的情绪问题是个有趣而神秘的话题。长期以来，心理学家和哲学家都在为“什么是情绪”争论不休，但大家都有一个共识，那就是情绪是一种心理状态，会引起我们身体上的变化。例如，害怕的时候，我们的肌肉会紧绷，心跳会加速。而且，情绪与我们的想法有关。例如：当认为孩子在故意胡闹的时候，我们就会生气；而如果只是觉得他们很调皮，我们可能会因为他们的可爱而充满幸福的

感觉。

情绪很奇妙，人一出生就有情绪，每个人都有。

达尔文认为，人与生俱来就有一些不同的情绪，这些情绪可以通过几种可分辨的脸部表情和行为表现出来，例如兴奋、快乐、惊讶、害怕等。我们在新生儿身上就能看到这些情绪，因此我们认为这些情绪是与生俱来的。我们甚至可以称这些情绪模式为原始的情绪模式。有证据显示，全世界的新生儿都有类似的情绪，这说明这些情绪模式基本上是全人类与生俱来的。

情绪与行为的关系是密不可分的。情绪是一种心理现象，具有内在性。情绪可以通过行为表现出来。行为是可以观察到的，是情绪的外在表现。比如，一个幼儿经常吸吮手指，那么他在内心层面有可能感觉十分孤独。

良好的行为建立在情绪调控基础上，其正常发展既与先天遗传有关，又与后天与人交往的经验及社会生活实践密不可分。比如家长对婴儿的需求给予及时的回应，教孩子识别人的各种面部表情、肢体语言，帮孩子学习一些表达情绪的词汇以及如何将自己的感受表达出来等，都有利于孩子良好情绪的培养和情商的提高。

人生早期的教育如何进行

人生早期养育的目标

人生早期养育的核心目标

0 ~ 3 岁是人生整个教育的起点。为了保证最终教育目标的实现，这一时期教育的核心目标是，促进孩子的心理构建和心理拓展，使孩子身体、心理健康地发展，从而为接受进一步教育打好基础。

人生早期养育的阶段目标

人生每个阶段的变化都体现在生理、认知、情绪社会化等几个方面。

0 ~ 1.5 岁是身体和大脑迅速发展的时期，要保证孩子运动、知觉、智力的发展和与他人的亲密关系的发展。

1.5 ～ 3 岁是“游戏开始的年龄”，孩子的运动技能日益精细，思维、语言能力飞速发展，形成了自我意识。这时，我们要教会孩子恰当表达情绪。

父母是早期教育的主要执行者，因此要了解孩子在这个阶段的发展特点，读懂孩子的行为表现，与孩子建立良好的亲子关系，提高孩子的适应能力，培养孩子良好的个性，帮孩子养成良好的行为习惯，为其入园甚至入学做好准备。

只有这样，才能为孩子日后接受更进一步的教育，获得更丰富的人生打下良好的基础。

人生早期养育的依据

教育建立在对孩子了解的基础上，比如孩子为什么有这样那样的行为、孩子的行为是自然产生的吗、孩子的行为与年龄有什么关系等。我们更要了解什么年龄的孩子该有什么样的行为。以年龄特点为依据的环境创设是早期教育的重点。

人生早期养育的内容

心理学家认为，人类发展的模式是生理发展过程、认知发展过程、社会情绪发展过程相互作用的产物。本书将以上三大方面具体划分为四个领域，那就是运动、语言、认知和情绪社会化。认知在婴幼儿时期主要表现为儿童对无生命的物体的反应。情绪社会化则是儿童对有生命的个体的反应。促进儿童的发展就是要促进儿童运动、语言、认知、情绪社会化的发展。可以说，这些既是早期教育的依据，也是早期教育的基本内容。

运动

营养和睡眠是关乎体格发育的重要因素，运动则是促进体格发育乃至整体发育的重要内容。提高运动技能是早期教育的主要内容之一。

语言

语言包括语言的理解和语言的表达两个方面的内容。从　出生的“哭”，到咿呀学语，到用动作、手势表达，到会说单音字、多音字、简

单句，到会说复杂句，这是语言表达的发展过程。识别声音、明白词义、听懂指令等则是语言理解的发展过程。语言的发展与智力和社会性的发展息息相关，因此是早期教育的重要内容。

认知

从感觉到知觉到认知，是个体思维水平发展变化的过程。婴儿从对声音、光线有感觉，到开始注视床上方悬挂的活动的物体并试着去抓握，再到寻找被遮盖起来的物体，甚至学习数数等都反映了认知发展的过程。这一切都是在对实物的反应中实现的。因此，对于认知的发展，至少在人生早期，我们应视其为对物的反应。

情绪社会化

情绪社会化包括个体与他人关系的变化、情绪和个性的发展，可以说是对人的反应。婴儿以微笑回应母亲的爱抚，小男孩攻击玩伴，小女孩对着人甜美地笑，都是情绪社会化的表现。对于情绪社会化的发展，至少在人生早期，我们应视其为对人的反应。

运动、语言、认知、情绪社会化的发展是相互作用的，任何一个行为的出现，都是这些方面共同作用的结果。我们将每一方面单独拿出来论述，只是为了更好地读懂儿童的行为表现，同时也便于研究。上述的每一方面都是早期教育的主要内容。

人生早期养育的重点

每个年龄阶段的发展内容都是互相衔接的，这样就构成了婴幼儿发育的完整系统。

每个年龄阶段的动作、语言、对物的反应、对人的反应等贯穿儿童发展的始终。在不同年龄阶段，这些方面表现出的形式及发展速度可能不同。每一阶段发展的独特之处，就是发展的重点，也是教育的重点。

运动

0 ～ 3 岁婴幼儿每一年龄阶段的动作发展特点及教育训练重点分别如下。

1 ～ 3 个月：从定位到对称。

4 ～ 6 个月：对称和直立。

7 ～ 9 个月：转体和移动。

10 ～ 12 个月：站立和行走。

12 ～ 24 个月：走、蹒跚地跑和力量发展。

24 ～ 36 个月：各种技能技巧和力量发展。

肢体动作的发展是儿童早期发展的一条主线，贯穿于儿童发展的始终，每一年龄阶段都有具体的发展任务及目标。

语言

0 ~ 1 岁婴幼儿每一年龄阶段语言能力发展特点基本如下。

0 ~ 2 个月：反射性语音发生阶段。

4 ~ 6 个月：咿呀学语阶段。

9 个月：咿呀学语达到高峰。

12 个月左右：会叫爸爸、妈妈。

总体来讲，0 ~ 1 岁是理解语言的准备阶段。

首先是语音知觉。新生儿可以感知语音，1 ~ 2 个月婴儿能区别语音，3 个月婴儿能辨别母亲的声音。

其次是词语理解。8 ~ 9 个月婴儿开始能听懂一些词语；1 ~ 1.5 岁幼儿，在理解为主的阶段，逐渐能听懂完整句；1.5 ~ 3 岁的幼儿，开始表达，开始积极学习说话。

语言能力发展贯穿儿童发展的始终。对小婴儿来说，语言就是日常听说活动。

环境对语言发展的影响很重要。有意地创设环境，让孩子多做听说活动，是一种重要的教育方法，可有效地促进孩子语言能力的发展。

对于运动和语言的外在表现，我们可以称其为孩子的一般行为。一般行为具体包括身体姿势、位置定位、动作协调、听说活动等。

对物的反应

婴幼儿时期的认知发展的主要表现是婴幼儿对外在现象的探索。这种探索行为集中在对“物体”的视觉反应上，具体涉及空间知觉、大小认知、几何图形认知、颜色认知、注意、记忆等能力的发展。在不同年龄阶段，0 ～ 3 岁婴幼儿对物的探索及反应特点如下。

1 ～ 4 个月：视觉、听觉、触觉等感觉与动作的配合。婴儿能主动寻找环境中的刺激，如追视移动的物体、吃手指、抓东西等。

4 ～ 8 个月：喜欢重复自己的动作，以使感兴趣的事情持续发生。比如，婴儿会不停地碰触悬挂着的小玩具，因为他对小玩具的晃动十分

感兴趣；婴儿会努力寻找被藏起来的物品，开始明白物体恒存；等等。

8 ~ 12 个月：开始学习解决问题的方法。比如，婴儿会用小棍去够拿不到的东西。这是真正的智力行为的开始。

12 ~ 18 个月：会通过不断的尝试发现解决问题的方法。比如，孩子不断地尝试，要将小木棍通过小孔插进容器里。

18 ~ 24 个月：产生了心理表征能力，可用顿悟的方式解决感觉运动问题。比如，能打开盒子取出东西，能绕过障碍物取物，等等。这是认知发展的一个重要里程碑。

24 ~ 36 个月：开始发展表象思维，感知觉能力进一步提高，认知能力迅速发展，尤其是思维能力有长足发展。这一阶段可通过图形认知、分类、比较、想象等增强儿童的空间、时间概念。

婴幼儿对物的反应，包含的内容比较多。我们可以通过皮亚杰的认知发展理论进行梳理。儿童通过对各种现象的探索，可促进感知觉，认知，时间、空间概念，注意力，记忆、思维能力的发展。因此对物的反应可称为“探索活动”。

对人的反应

婴幼儿时期的人际交往主要表现在对自我行为以及他人行为的学习和模仿上，如生活自理、情绪管理、与他人的交往等。良好的行为模仿和学习，是早期发展的重要内容。0 ~ 3 岁婴幼儿不同年龄阶段对人的反应特点如下。

0 ~ 1 个月：趋向愉快的刺激，回避不愉快的刺激。

2 ~ 3 个月：出现社会性微笑，能对成人的面部做出反应。

3 ~ 5 个月：能用大笑来回应成人的逗乐行为，能将声音与面部表情传达的情绪联系起来。

6 ~ 8 个月：可初步进行情绪调控，出现愤怒、恐惧等情绪，同时出现怕生、依恋、焦虑行为及情绪，把养育者当作探索周围环境的安全基地。

8 ~ 12 个月：理解他人情绪的能力有了提高，会识别情绪，面对滑稽的表情会大笑。

12 ~ 24 个月：出现更多情绪反应，如羞愧、尴尬、内疚、自豪等；表述情感的词汇越来越丰富；情绪表达和调节能力大大提高；知道别人的情绪与自己的情绪可能不同，共情能力开始发展。

24 ~ 36 个月：自我意识开始发展，出现占有欲和叛逆行为。

情绪调控能力是人际交往能力的核心，情绪调控能力的发展贯穿儿童早期发展的始终。人一出生便有了基本的情绪表现。这种情绪表现可称为原始情绪模式。在人的一生中，支持其情绪发展并影响其终生的情绪基础是人的气质和早期回应性反应中安全感的获得。在这一基础上，培养孩子的情绪管理能力（比如如何认识和理解自己与别人的情绪、如何表达自己的情绪、如何调整自己的情绪等），是培养其良好人格，促进其情绪健康发展的重要内容。

第一部分

新生儿的早期教育

新生儿的运动能力

新生儿具有无条件反射能力，如觅食反射、吮吸反射、吞咽反射、握持反射、迈步反射等；出生后几天就可以俯卧，且俯卧时有本能的挣扎；半个月时，俯卧时可左右转动头部；满月时，俯卧时可稍微抬头。

新生儿对有声响、色彩鲜艳的玩具十分感兴趣。

如何促进新生儿运动能力正常发展

新生儿有一定的运动能力。为了锻炼新生儿头颈部的肌肉，有时可以将新生儿抱起，使其头稍稍竖立；或让其在俯卧时练习抬头和爬的动作。平时，要多给孩子感官（视觉、听觉、触觉等）刺激，但是应注意不要影响其呼吸。

让新生儿的生活和运动逐渐有规律，如每天俯卧 3 ～ 5 次，每次 1 ～ 2 分钟。

在温度适宜时，可将新生儿的衣服或包被松开，让其四肢有一些主动的、自由的活动。

如新生儿将手伸到嘴里吮吸，不要阻止，这是新生儿出于安全的需要，也是新生儿健康的标志。

可以将一些能发出柔和声响的玩具或颜色鲜艳的玩具挂在新生儿床头上方，吸引新生儿听和看。要经常更换玩具以及悬挂位置，以锻炼新生儿的注意力。

不要小看新生儿的语言能力

胎儿在妈妈体内就可以听音、辨音。孕期13周时，胎儿能听到妈妈身体各种器官发出的声音，比如血流的声音、心脏跳动的声音等。孕期16周时，胎儿能听到妈妈身体外的声音。孕期32周时，胎儿能记住听过的音乐。

出生后如果听到熟悉的曲子，新生儿会变得很安静。这说明，胎儿对声音的辨别与记忆能力为其出生后学习语言奠定了基础。

新生儿首先能够辨别语音和其他声音的不同。如果周围有人说话或者有其他声音，出生12天的新生儿会用目光寻找；如果正在吃奶，新生儿极有可能停下来想听听周围发生了什么。这意味着他们可以感知语言，这也表明他们能区分语音和其他声音。

不仅如此，新生儿还能辨别不同的语音。出生24天的新生儿能够对男人的声音和女人的声音、抚养者（如父母）的声音和不熟悉的人的声音做出明显不同的反应，他们更喜欢父母的声音。

有研究发现，胎儿在母体里就能区分母语和外语，出生后他们更喜欢听母语。

新生儿伴随哭声来到这个世界。哭声是人类最初的语言。此后，他们主要通过哭和外界进行沟通，比如向爸爸妈妈传达他们饿了、渴了等生理需求。

新生儿有沟通的意愿

尽管不会说话，但是新生儿很喜欢和外界沟通。比如，新生儿能用哭声表达他们的各种需要。可以说，哭是新生儿最初的交际手段。当听到成人讲话时，他们的头、手、脚、胳膊等都会随着成人讲话而变化，这表明他们有和外界沟通的愿望。

新生儿最喜欢听妈妈的声音。他们哭闹时，听到妈妈的声音后，很快就能安静下来。如果正看着妈妈的脸，却听到了其他人的声音，新生儿会很紧张。只有听到妈妈声音的同时看到妈妈的脸庞，他们才会表现出平和的状态。

正因新生儿有沟通的意愿，喜欢听妈妈的声音，所以妈妈应该尽量多地和新生儿讲话。多和新生儿讲话，能促进他们听觉系统的发展，让他们学习到更多的语音和词汇。日常生活中，可以给新生儿指认家庭成员、日常用品；在照料新生儿时可以和他们聊聊正在做的事情，比如："宝宝，妈妈现在在给你洗澡。""宝宝，妈妈给你揉揉小脚。"等等；还可以给新生儿念节奏感强的儿歌，帮他们熟悉语音。

及时回应新生儿的哭闹

爸爸妈妈要及时回应新生儿的哭闹。哭泣是新生儿与外界沟通的主要手段，新生儿用哭泣来表达各种需求。新生儿会通过哭泣吸引成人的关注，获得及时的照料。及时回应能让新生儿学习到一种非常重要的沟通技能——应答，这是与人正常沟通的基础。

所以，对于新生儿的哭泣，父母要及时回应。

新生儿的感知觉能力是怎样的

胎儿在母体内已经发展出一定的感觉能力，这些感觉能力为他们出生后感知外部世界奠定了基础。所以，新生儿具有较好的感觉能力。

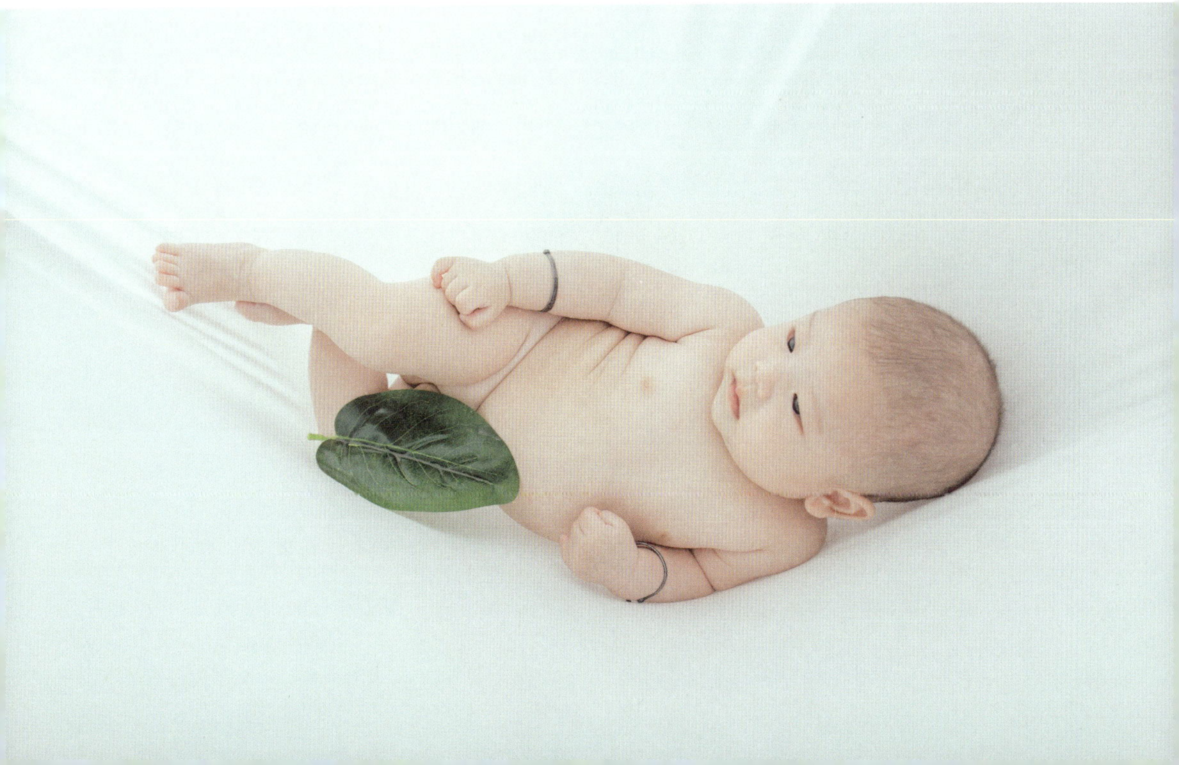

视觉

视觉是婴幼儿认识世界最重要的感官之一。出生 1 个月的新生儿只能看清距离眼睛 20 厘米左右的物体。喂奶时，妈妈的面孔与孩子的面孔的距离正好在这个范围内，因此喂母乳时是与孩子建立亲密依恋最好的时机。

听觉

孩子出生后不仅能听到声音，还可以区别语言和非语言，甚至能区别不同的语音。这是在为以后学习语言做准备。

嗅觉、味觉和触觉

孩子一出生就具有嗅觉、味觉和触觉。他们可以区分自己妈妈的乳汁和其他人的乳汁，天生喜欢甜味。当妈妈的乳头接触到他们的嘴或面颊时，他们会做出觅食和吸吮动作。他们会握住手里的东西。有人抚摸他们的肚子时，他们会停止哭泣。

注意

新生儿已具备注意的能力。研究发现，新生儿的注意有偏好，他们更喜欢匀称或规则图形，相比对图形的注视时间对人的面孔的注视时间更长。

记忆

胎儿在 5 个月左右就有了记忆能力，出生后记忆能力进一步发展。如果爸爸妈妈在孕期经常听某首乐曲，那么这首乐曲在孩子出生后可以安抚其情绪。出生 10 天左右的新生儿就具有短时记忆能力，比如可以记住吃奶的姿势。

新生儿初期的感知能力为他们探索外部世界，进一步发展智力和心理能力奠定了基础。

满足新生儿喜欢被触摸的需求和特殊的视觉偏好

新生儿有被触摸的需求，如长期不被触摸，会出现食欲不振、智力发育迟缓、行为异常等问题。所以，要常怀抱宝宝，让他们感受与亲人紧密相连的安全感，这样他们啼哭更少，睡眠更好，体重增加更快，抵抗力更强，智力发育会明显提前。

另外，新生儿已经有了视觉偏爱。他们更喜欢不断变化的、黑白对比强烈的甚至较复杂的图形。当然，他们也偏爱有一定意义的图形，比如人脸图形，甚至会非常专注地观察人脸。

多给予新生儿丰富的感知觉刺激

照料者要多给予新生儿丰富的感知觉刺激，以此促进他们的发展。

在日常生活中，照料者可在喂奶、洗澡、换纸尿裤时用手轻柔地抚摸、拥抱、轻拍新生儿，或定时给新生儿做抚触按摩操，让他们身体各个部位都能感受到来自外界的刺激。

新生儿清醒时，要给他们穿上宽松的便于手脚活动的衣物，以使他们的手脚能接受到各种刺激。

多给新生儿看一些黑白分明、相对复杂的图形。

新生儿偏好观察人脸，父母要经常与新生儿面对面交流，以让新生儿多观察父母的脸，从而刺激新生儿视觉神经健康发展，培养新生儿的观察力。

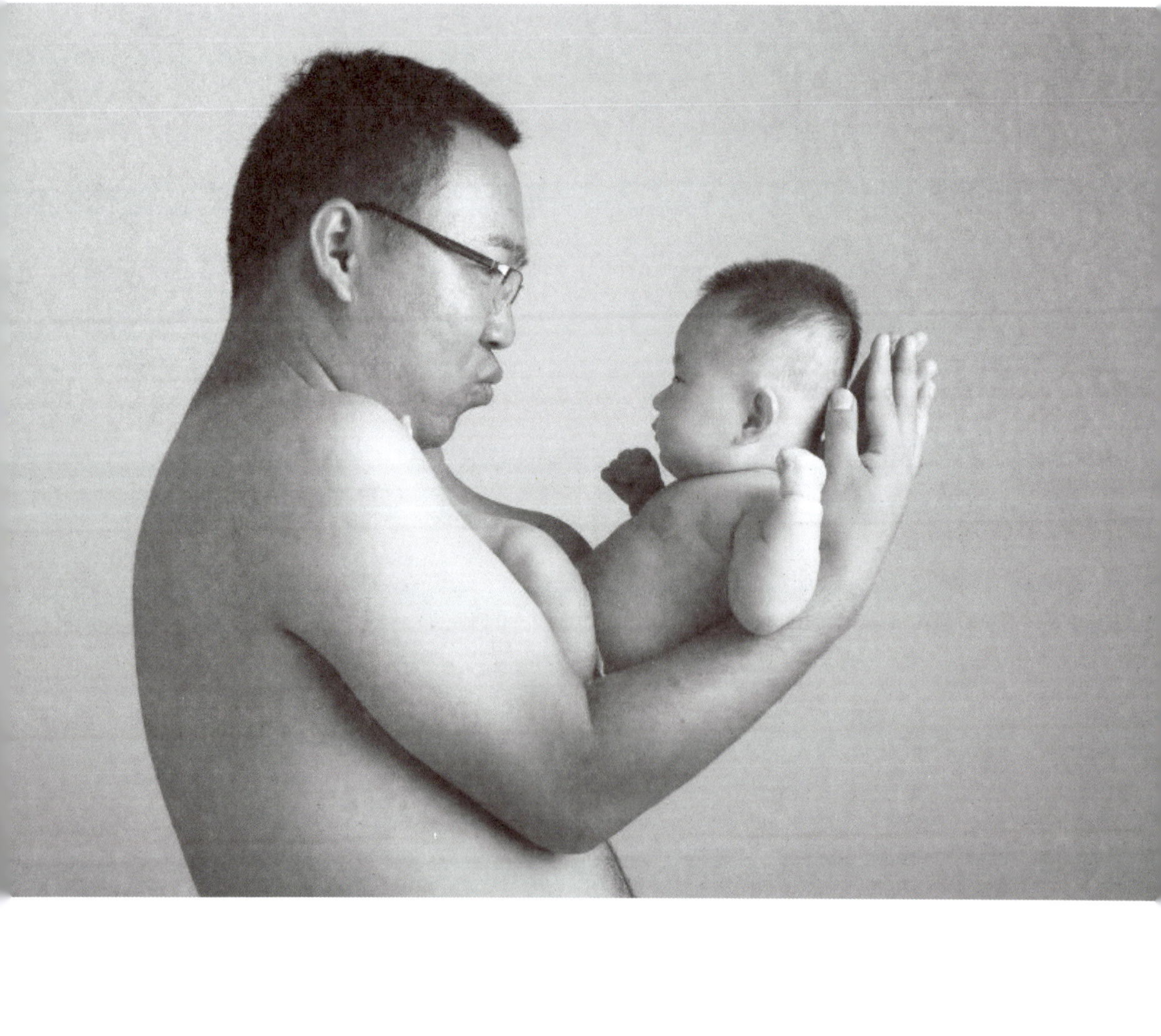

新生儿的情绪

新生儿一出生就有五种基本情绪，即惊奇、痛苦、厌恶、微笑和兴奋。在出生后的头一个月，新生儿会通过面部表情来表达这五种情绪。新生儿会用各种面部表情表达他们的情绪，他们愉快的时候，会自发地

笑；惊喜的时候会眨眼睛；痛苦的时候会流泪，甚至会有韵律地啜泣；厌恶的时候嘴角会上扬；对某事物感兴趣的时候会表现出想要探究的样子；等等。父母的及时反馈和适时准确地满足新生儿的需要，会让他们获得更多的安全感和积极情绪。

安全感

安全感是一种稳定而可控的感觉。有安全感的新生儿拥有更多的积极情绪，他们更爱笑，更喜欢与成人互动，父母的养育也更轻松。另外，有安全感的新生儿身体更健康，敢于自由探索，更喜欢挑战。

孩子出生头一个月，是妈妈和孩子建立亲密依恋最好的时间。另外，具有重要心理意义的养育行为是母乳喂养。所以，妈妈安心坐月子，用心陪伴，坚持母乳喂养，是新生儿获得安全感的基础。

气质

新生儿一出生便会显示出独特的气质。气质是表现在心理活动的强度、速度、灵活性、指向性等方面的一种稳定的心理特征。

这期间的早期教育要尊重新生儿独特的气质，才可以事半功倍。

兴趣对新生儿而言至关重要

新生儿看、听、发出声音、做出动作都是由兴趣激发和引导的。兴趣还支配着感觉与运动之间的协调和运动技能的发展，从而为进一步生长和发育打基础。对什么都缺乏兴趣容易导致严重的智力迟钝或冷漠无情。所以，兴趣的发展对于新生儿来说是至关重要的。

如何照顾新生儿的情绪

这是生命开始的第一个月，但新生儿已经具备很多本领。

妈妈在月子里不要跟新生儿分床睡，最好让新生儿睡在自己身边；要坚持母乳喂养，而且要用相对更安全的坐姿喂奶。

对新生儿的哭声要保持敏感并及时回应，这对新生儿建立安全感十分重要。所谓哭声免疫法，提倡的“哭了不抱，不哭才抱”是不科学的。新生儿哭的时候，一定要陪在他们身边，并尽快缓解他们的痛苦。

对于天生具有不同气质类型的新生儿来说，如果父母可以引导新生儿建立更好的情绪控制机制，新生儿的气质类型可能会有所变化。当然，这项工作需要持续很久，更需要妈妈和其他抚养人有极大的耐心。

附：新生儿能力促进亲子游戏

头颈控制：头儿抬抬

游戏目标： 训练头、颈部肌肉，加强头部控制

游戏准备： 平坦舒适的床（或垫子），小铃铛或能发出声响的其他玩具

游戏过程：

让孩子俯卧在床上，两手放在头两侧，把孩子的头扶正至中线。看护人在孩子正前方，用小铃铛或其他可发声的玩具引逗孩子抬头，如："宝宝，我是妈妈，我在这儿。""宝宝，听听，这是小铃铛的声音。"等等。

温馨提示：

1. 孩子还小，每次玩的时间不要过久，1~2 分钟左右为宜。孩子完成后，看护人要抱起孩子亲亲，给予鼓励。

2. 做完游戏后，可以让孩子仰卧一小会儿，还可帮助孩子活动一下四肢和躯干，以使孩子全身得到运动。

被动抓握：抓抓握握

游戏目标：刺激、强化孩子的抓握反应

游戏过程：

孩子清醒仰卧时，看护人用自己的食指轻触孩子掌心，并对孩子说："手指点点，小手握握。"观察孩子的反应是否有抓握动作。孩子握住了，及时夸奖孩子："宝宝的小手真灵活。"如果孩子没握住，看护人可以帮助孩子握住自己的手指。

可配合儿歌：

手指点点，小手握握。
抓抓握握，小手灵活。

温馨提示：

1. 最好在孩子情绪愉悦、稳定的时候进行游戏。
2. 可以用带柄玩具逗引孩子抓握，以增加孩子玩游戏的兴趣。

诱导发音：看一看，说一说

游戏目标：给孩子语言刺激，诱导孩子发音，与孩子进行眼神交流，促进亲子情感

游戏过程：

看护人把孩子抱起来，和孩子说话，比如："你叫什么名字呀？""你是男孩还是女孩呀？""现在妈妈抱着你，你舒服吗？"等

等。看护人边说边与孩子进行眼神交流，并观察孩子的反应。孩子如有喉音，要及时回应。也可以念儿歌给孩子听，比如：

小宝宝，张嘴巴，和妈妈，说说话。
小宝宝，眼睛大，看看我，是妈妈。

温馨提示：

1. 看护人要多和孩子说话，多做眼神交流。孩子非常专注时，可以多做此类游戏。也可以用伸舌头、噘嘴巴等动作逗引孩子。

2. 对孩子的哭闹，要及时做出回应。

视听刺激：妈妈的脸

游戏目标：对孩子进行及时、反复的视听刺激

游戏过程：

在孩子清醒的时候，让其仰卧在床上，妈妈和他面对面交流。妈妈握住孩子的小手，分别触摸自己的鼻子、眼睛、嘴巴、耳朵等，同时亲切地告诉孩子相应部位的名称，比如："这是妈妈的鼻子。""这是妈妈的眼睛。"等等。与此同时，妈妈要注意多和孩子做眼神交流。

温馨提示：

1. 和孩子交流时，距离以 20 ~ 30 厘米为宜，太远不便于孩子视听。孩子喜欢看人脸，特别是妈妈的笑脸；也喜欢被人抱起来做游戏。

2. 看护人要注意观察孩子的情绪，在孩子情绪稳定的情况下，可以反复进行类似的视听游戏。

腿部锻炼：蹬蹬脚

游戏目标：锻炼腿部力量，为爬行做准备

游戏准备：发声软塑玩具、硬挡板

游戏过程：

让孩子仰卧，看护人把一些发声软塑玩具放在孩子双脚的位置，并用一块有一点硬度的板挡住玩具。让孩子无意识的随意蹬脚，逐渐引发有意识的用力蹬脚，从而训练其双腿的灵活性及交替蹬脚能力。

温馨提示：

硬板可能较凉，不要让孩子光脚玩此游戏。

第二部分

2个月婴儿的早期教育

2 个月婴儿的运动能力

2 个月的婴儿能够俯卧、举头、竖立头、抬头，喜欢触摸、抓握，喜欢追视移动的物体。

2 个月的婴儿在床上可以将头抬高一些；在被抱起时，开始能较好地撑起头，但有时仍然会将头下垂或倒向另一边；随着抓握反射消失，开始出现自觉的抓握动作；可以看见几十厘米远的较大的物体（移动的物体尤其能吸引他们的注意）；可以将东西放进嘴里；偶尔能看见自己的手（手的突然移动有时会吓他们一跳）。

如何促进2个月婴儿的运动能力

抬头练习

婴儿从1个月起如果一直坚持练习抬头，满2个月时可以抬头45度甚至90度。

俯卧抬头练习

做俯卧练习的场地要平坦、舒适。婴儿在俯卧时，要把他的双手放在头的两侧。成人可用一些带声响的或色彩鲜艳的玩具在婴儿前方引逗，激发婴儿抬头。游戏时间可从 30 秒起逐渐延长，每天可以玩多次。

头竖直练习

在帮助婴儿练习竖直头时，一定要让婴儿背部贴住家长的胸部，然后一手扶住婴儿的胸部，一手托住婴儿的臀部，使婴儿面部朝前。

一般 2 个月大的婴儿头可竖直几秒钟甚至 1 ～ 2 分钟。

腿部按摩

在婴儿清醒时或洗澡后，家长可以帮助婴儿做腿部按摩，还可用手拉住婴儿的双腿，使之上下、前后活动，这样有利于婴儿运动机能的发展。

多到户外活动

为了使婴儿尽早适应户外活动，可以时常打开家里的窗或门，以此作为户外活动的过渡。

在户外时，要抱着婴儿或将其放在小车内。当然，最好在天气适宜的时候外出。

开始进入语言自发声阶段

婴儿从第2个月开始，进入语言的自发声阶段。也就是说，他们会在睡醒、吃饱、身心舒适的时候，愉快地发出各种声音。但是这个月龄的婴儿能发出的语音还比较少，也比较简单，他们只能发 a、ai、e、ei、ou 等基本韵母的音；对于声母，基本只能发“h”音，有时也会发“m”音。

重要提示

第2个月的婴儿有了社会性微笑。成人逗引他们或和他们说话，他们会露出微笑，还会用声音或动作和成人“交谈”。这表明第2个月的婴儿已经初步掌握交流的原则，知道要“回应”和自己交谈的人。

多和婴儿说说话

第 2 个月左右的婴儿发展出了语音模仿能力，并乐此不疲。如果周围有人说话，他们会尝试着模仿周围人的发音。即便有些语音他们还没有能力发出，但他们的语调很类似。

这个月龄的婴儿喜欢和成人互动。成人和他们说话，他们会做出回应，非常喜欢和成人进行一来一往的“对话”互动。

用游戏培养婴儿的听音、辨音能力

在婴儿的不同方位拨弄能发声的玩具，让他们追逐不同方向传来的声音，可以提高他们对声音的方位的辨别能力。还可以给婴儿播放不同韵律的音乐，并伴随节奏摇动婴儿，以此培养婴儿的韵律感。经常给婴儿播放音乐，能够刺激其听觉器官，促进其大脑发育，提升其倾听能力，为其学习语言奠定基础。

多和婴儿进行面对面的交流

这个阶段的婴儿喜欢模仿成人的发音。和婴儿面对面交流，不仅能够让婴儿听到语音，也能够让婴儿看到成人发出某个语音时的嘴型是怎样的。婴儿因此能够将特定的语音和嘴型联系起来，这有利于他们尽快发音。面对面交流时，可以多给婴儿念儿歌，多次简单重复更有利于他们模仿学习。

2 个月婴儿认知能力发展的特点

视觉

1 个月以后婴儿的视力迅速发展，逐渐发展出“追视”的能力，如果眼前出现运动的物体，他们能够用眼睛追随。仰躺时，他们横向可做

幅度约90度的追视。

这个月龄的婴儿依然存在视觉偏好。他们更喜欢注视妈妈的脸、色彩鲜艳的物体、活动的物体等。

此外，2个月左右的婴儿更喜欢复杂的图形。他们相较直线更喜欢曲线和弧线，喜爱同心圆多于非同心圆，喜欢立体图形多于平面图形，爱注视新奇的图形，偏好不规则的图形，与不对称的图形相比更喜爱对称的图形。

注意

这时，在看复杂图形时，他们更关注图形的局部特征而不是整个图形。比如，在看三角形时，他们更关注三角形的角而不是整个三角形。对于一个封闭图形，他们更多注视图形的边缘，而不是图形的内部。

记忆

2个月婴儿的记忆能保持24小时。因为记忆能力的增强，他们有了简单的即时模仿能力。比如，对着他们吐舌头，他们就会做出类似的动作。这个月龄的婴儿已认得妈妈，当妈妈爱抚他们时，他们也会以微笑回应妈妈。

用鲜艳的玩具促进婴儿视知觉的发展

在这个月龄，婴儿依然在被动地学习。

鲜艳的颜色更能够吸引婴儿关注。家中最好多布置一些颜色鲜艳、图案多样的装饰，以吸引婴儿的注意，增加婴儿的视觉刺激。

还可以多准备一些颜色鲜艳、形状复杂的玩具。看护者可以把玩具放在婴儿眼睛前方20厘米左右的位置，然后在摇动玩具的同时，给婴儿讲讲玩具的名称，玩具是什么形状、什么颜色，等等。也可以把玩具吊在婴儿脸部上方20厘米左右的位置，让婴儿仰卧时能够接受丰富的视觉刺激。

2个月婴儿情绪能力发展的特点

约从第5周开始，婴儿能区分社会性和非社会性刺激，对人的声音、面孔开始有特别的反应，因此大人的声音、面孔特别容易引发婴儿的微笑。第8周时，婴儿会对一张不移动的脸发出持久的微笑。但是，从第5周至约3个半月时，婴儿对人的微笑是没有区别的，无论是对家人还是陌生人都一样。

这时的婴儿会表现出愤怒的情绪。比如饿了、尿不湿没换时，他们都会因此愤怒，会通过哭闹来表达愤怒。

第2个月的婴儿，不但可以用面部表情表达高兴和愤怒，还可以使用肢体语言以及通过发出一些声音的方式表达自己的情绪，例如蹬腿、甩胳膊、发出“da-da”“a-a”等声音回应成人的逗引。他们甚至可以模仿成人吐舌头和咂舌的样子。如果这时候让他们照镜子，他们会表现出惊讶和兴奋的样子。

这个月龄的婴儿最大的兴趣是注视人脸，尤其喜欢看妈妈的正脸，听妈妈讲话。妈妈抱起婴儿轻轻摇晃或喂奶时，他们会发出高兴的声音。他们也开始对语言和外界环境表现出更多的兴趣。

慢慢培养婴儿睡整觉的能力

月龄越小，婴儿睡眠时间越长，但个体差异很大。有些婴儿第 2 个月就可以睡整觉了，有些婴儿可能 3 岁时还不能一觉睡到天亮。

影响婴儿睡眠的原因有外在因素和内在因素两类。外在因素包括饿了、缺钙、太热、肚子胀、穿的尿不湿不舒服等。随着年龄的增长，白天太兴奋、环境变化频率太快、出牙、身体不舒服等都会影响婴儿睡眠。内在因素主要包括大脑神经发育不成熟、不断处于深睡眠和浅睡眠的切换中、无法自我调节入睡等。另外，若妈妈过早断奶，婴儿无法适应，很可能出现四五个月之后的睡眠比两三个月时还差的情况。

开始用“愤怒”保护自己和求得关注

第2个月的婴儿看上去有了更多的生存本领，他们发展出了一种重要的情绪——愤怒——以保护自己和求得关注，而这又会进一步促进婴儿心智的成熟。对于这个月龄的婴儿，我们可以尝试以下做法，以促进其正常发展。

帮助婴儿养成较规律的睡眠习惯

例如，晚上婴儿醒来后，不要开灯，不要抱着他摇晃，可给他喂奶，跟他躺在一起，抱紧他，给他安慰，轻轻地发出“嗯……嗯……”的低音安抚他，以帮助他再次入睡。睡眠习惯的养成短则需要3～5个月，长则需要1年左右，所以我们要慢慢发现和调整婴儿的生物钟，循序渐进地帮他养成良好的睡眠习惯。

多对婴儿微笑

这时的婴儿很喜欢看妈妈或爸爸做鬼脸。我们丰富的面部表情会逗引婴儿哈哈大笑。经常大笑的婴儿的大脑会分泌更多多巴胺和血清素，因此会更少哭闹。

抚触是这个年龄段婴儿最好的运动

大量研究表明，经常接受抚触的婴儿生病少，情绪好，感觉灵敏，更有安全感。

抚触的操作很简单：最好是晚上睡觉前，为婴儿洗完澡，让他躺在床上（不穿衣服），妈妈双手保持一定的温度，去掉戒指和手镯，剪掉长指甲，抹上婴儿油，慢慢按摩婴儿的皮肤。妈妈可以一边按摩，一边面带笑容地跟婴儿说话，或唱歌给婴儿听。这是极佳的亲子陪伴。如果你希望有更专业的手法，可以找相关的书籍学习。

附：2个月婴儿能力促进亲子游戏

俯卧抬头：看一看，找一找

游戏目标：帮助孩子练习抬头，锻炼头颈控制

游戏过程：

让孩子俯卧在床上，看护人手拿可发声的玩具，在孩子眼前20～30厘米处摇晃玩具，引逗孩子撑起头看一看、找一找。看护人可以边摇晃玩具边有节奏地念儿歌引逗孩子抬头。

可配合儿歌：

宝宝，听一听，小铃小铃叮铃铃。
宝宝，看一看，小铃小铃在眼前。
小玩具，我爱你，抬起头，看看你。

温馨提示：

1. 这时，孩子的头能够支撑一会儿，但累了就会倒向一边。看护人要注意，每次游戏时间不要太长，以2～3分钟为宜，每天可以进行

3～5次。

2. 每次游戏结束后，看护人要及时抱起孩子给予鼓励和表扬，也要让孩子及时仰卧休息。

抓握探索：我的小手

游戏目标：用手抓握玩具，鼓励孩子用嘴探索和感知事物

游戏过程：

1. 看护人伸出自己的手给孩子看："这是妈妈的手。"然后拿起孩子的手："这是宝宝的手。"接着，看护人边说儿歌边晃动宝宝的手。

2. 看护人把玩具放进孩子一只手里，鼓励孩子抓握。如果孩子做不到，看护人帮助孩子用手握住玩具，同时边说儿歌边轻摇，以使玩具发出声响。如果孩子拿玩具往嘴里放，只要在安全、卫生的前提下，不用阻拦。

可配合儿歌：

我的小手，一左一右。
见面点头，都是朋友。
小手本领大，握住玩具啦，
摇一摇，晃一晃，叮当叮当响。

温馨提示：

1. 这个时期，孩子基本是用嘴巴来认识和感知事物的。孩子喜欢将玩具、手指放进嘴里探索，在安全、卫生的前提下，不用阻拦。

2. 孩子双手灵活性的发展需要不断练习，看护人要多给孩子提供可以拿、握、摇晃的玩具。注意鼓励孩子左右手都要尝试。

语言交流：说说话吧

游戏目标： 加强语言交流，刺激孩子发音，增进亲子感情

游戏过程：

在孩子清醒的状态下，让孩子仰卧。看护人与孩子面对面，用温柔的目光与孩子交流，还可以拉着孩子的小手说："宝宝睡醒了，很精神，我们一起说儿歌吧。"看护人边说儿歌边有节奏地抚摸孩子的手，或分别握着孩子的左右手打拍子。

可配合儿歌：

小宝宝，醒来了，
睁开眼睛看见啥？
我是你的妈……妈……
妈妈盼你快长大。

温馨提示：

1. 平时要多和孩子聊天、给孩子唱儿歌。如果孩子十分专注，更要多和孩子玩这类游戏。

2. 只要孩子有需要，看护人就要及时关注。如果你暂时没空，可以用稍大点儿的声音说："宝宝，等一等，妈妈马上就来。"让孩子听到你的声音，让他知道有人在关注他。

感知身体：一起来游戏

游戏目标：在互动中让孩子感知自己的身体

游戏过程：

在孩子情绪愉悦的时候，让其仰卧。看护人和孩子面对面交流，可以用亲切的声音与孩子说话，用慈爱的目光注视他，引起他的注意；也可以用手握握他的手，摸摸他的脚，边做动作边说："这是宝宝的小手，两只手，一共 10 个手指头。""这是宝宝的小脚，两只小脚，一共 10 个脚指头。"也可以配合下面的儿歌和孩子玩游戏。

可配合儿歌：

小宝宝，要说话。

嘟嘟嘴，咿呀呀。

温馨提示：

1. 当为孩子换尿布、喂孩子吃东西的时候，看护人注意要用亲切的话语与孩子交流，可以边做动作边解释自己正在做的事情，把孩子当成既能听懂又能交流的人。

2. 家长在和孩子交流的时候，语速要适当放慢，口型可以适当夸张。如果孩子正看着你的嘴巴，你可以反复说某个词或某句话。

视觉追踪：蝴蝶飞

游戏目标：促进孩子的视觉敏感和追视能力，练习眼球转动的灵活性

游戏准备：色彩艳丽的玩具蝴蝶或其他类似玩具

游戏过程：

1. 关注目标。看护人用一只手抱着孩子，用另一只手举起手中的玩具蝴蝶，吸引孩子的注意："宝宝快看，这是一只美丽的蝴蝶，它长了两只翅膀，它最喜欢在花丛中自由自在地飞呀，飞呀。"

可配合儿歌：

蝴蝶蝴蝶，美丽的蝴蝶，
蝴蝶蝴蝶，漂亮的蝴蝶。

2. 视觉追踪。看护人慢慢晃动手中的蝴蝶，让它从一边"飞"到另一边，同时观察孩子的眼睛是否会随蝴蝶飞的方向进行追视。

注意，单眼追视不合适。

温馨提示：

视觉追踪指建立在双眼视觉协调的基础上的注视与追视目标物的能力。色彩艳丽的不断变化的物体，往往易吸引孩子的注意，促进孩子的视觉敏感，引起视觉追踪。开始时，让玩具蝴蝶移动的速度慢一点儿，还可以适当停留在某一个位置——时间可以久一点儿，以让孩子习惯用眼睛追着看、有兴趣地看、时间长一点儿地看、细致地看。

模仿发音：说一说

游戏目标： 通过对话时的发音练习，促进孩子语言能力发展，同时增进亲子感情

游戏过程：

1. 在孩子面前张口、吐舌，或做多种表情，逗引孩子模仿相应的动作或表情。

2. 看护人对着孩子发“噢”“啊”等声音，或和他说话，给他唱歌。尽管他不懂看护人说的是什么，但是这可以引导他做出相类似的反应，诱导他发音。当他自动发出一些声音后，看护人要给予相应的应答，并要给予适当的鼓励。

温馨提示：

1. 在和孩子说话时要用不同的语调，如亲切和蔼的、命令式的、激动的等，以训练孩子对不同的声音产生不同的反应。

2. 在孩子成长过程中，看护人应坚持与孩子“对话”，并积极应对他发出的各种声音。

触觉刺激：按摩球

游戏目标： 促进孩子触觉的发展，促进感觉统合能力发展

游戏准备： 直径 10 厘米左右的触摸球

游戏过程：

1. 让孩子舒服地仰卧在大床上，并用语言逗引孩子，使其保持愉悦的状态。

2. 用直径 10 厘米左右的触摸球跟孩子一起做游戏，用触摸球反复轻轻刺激孩子的手心、足底或全身任何位置，并轻柔地说出相应部位的名称。

温馨提示：

1. 尽可能让孩子身体的多个部位接触触摸球，动作要轻柔，以免伤害孩子的皮肤。

2. 该游戏可以长期进行。可以换用软毛刷、丝瓜络等有质感的物体，刺激孩子身体各部位，使孩子各部位皮肤获得不同的刺激。

3. 在游戏过程中，要用亲切悦耳的声音和孩子交流，比如："这是小小手，这是小脚丫。"

第三部分

3个月婴儿的早期教育

手指功能开始分化，手眼协调开始发展

这个时候，婴儿的动作发展呈现以下特点：开始有意识地移动手和脚；抓、扔等细小动作开始发展；在大人抱着或拉手坐时，头能竖直、能保持平稳甚至能直立着向四周张望；在床上俯卧时能抬起前半身，甚至能用胳膊肘撑着床而使胸部离开床面；两只手能在胸前接触；能摇晃、注视自己的手。

在此基础上，婴儿开始把自己的手指当作玩具玩。当自己的手碰到脸时，他们能转动头，并能吸吮自己的手指。开始时他们是吸吮整只手，然后是吸吮一两根手指，最后是只吸吮特定手指。

起初注视自己的手时，婴儿只是看一眼拳头，慢慢地能持续看一会儿，再往后就能一边微微转动小手，一边盯着看。

吸吮手指和看手指是婴儿手指功能分化以及手眼协调动作的准备。

如何促进3个月婴儿的运动能力

随着颈部肌肉力量逐步增强，婴儿很快就可以在俯卧时把头高高抬起，甚至将头抬至与水平面呈90度。此时看护人可以将鲜艳且带声响的玩具悬挂或放在婴儿四周不同的地方引逗他转头寻找。

抱着婴儿时，可将玩具放在婴儿胸前 20 厘米左右的地方，然后摇动玩具或弄响玩具以吸引婴儿的注意和兴趣，使婴儿够取、触摸、抓握、击打玩具。

3 个月前，婴儿主要是仰卧，但已经有了全身性的活动。家长一定要注意在适当的情况下松开婴儿的衣服以使他能自由活动。可以在婴儿床尾悬挂 1 ~ 2 个彩色塑料球，让他用脚去踢。当婴儿用脚踢到时，要及时给予鼓励和夸奖。

婴儿仰卧时，可以分别在婴儿两侧用他感兴趣的玩具引逗他，以训练他从仰卧位翻至侧卧位。每次可以练习3 ~ 5分钟，每天可练习多次。

3个月左右的婴儿每天都在练习发音

3月龄的婴儿喜欢看别人说话，当有人和他面对面说话时，他会极为专注地看着对方，似乎在学习怎样发音。

实际上，3个月左右的婴儿每天都在练习发音，他们发出的音已经有一定的意义。如果婴儿发出“i”和“e”的音，很有可能是他有点焦急或不舒服了。如果他吃饱了、穿暖了，心情十分愉悦，会发出“a”“o”“u”等音。这一阶段，婴儿发出的语音正从单元音向“咿咿”“呀呀”“哦哦”等双元音转变。

3个月左右的婴儿能够判断语音和口型的关系。如果之前我们经常一边做某种口型，一边给婴儿播放相应的录音，此时期当我们只做口型而迟迟不发出声音，或是只播放录音而不做口型，我们就会发现婴儿脸上会显露出困惑不解的神情。这说明婴儿能辨别声音和动作是否同步。

及时回应婴儿的发音

这个月龄的婴儿能发出的语音更多，并且发音有了一定的意义。他们发出语音时，多半是想表达一定的意愿，看护人要及时回应。

当婴儿说“啊啊”“哦哦”“嘿嘿”的时候，多半代表他此刻心情愉悦。看护人可以说：“宝宝，你很开心是吧？”也可以重复婴儿的发音。比如，他说“啊啊”，看护人也回应“啊啊”。婴儿会觉得自己得到了回应，会更愿意和看护人一来一往地交流。

此时，可以多和婴儿做面对面的语音游戏。面对面的语音游戏能让婴儿意识到不同的语音口型不同，如果想发出某种语音就必须做出特定的口型。可以在婴儿面前模仿一些动物的叫声，让婴儿观察与模仿。

视知觉进一步发展

视觉

婴儿眼睛看近、看远的调节能力在出生后不断发展，视觉集中的时间和距离都在延长。

3 个月的婴儿能看到 4 ～ 7 米远的物体，且能够注视 7 ～ 10 分钟，还能够追随物体做横向幅度约 180 度的追视。

3 个月的婴儿喜欢看移动的物体，比如走来走去的人、挂在床头可以摆动的玩具等。

他们还喜欢看自己的手，看手中所抓的物品。另外，他们喜欢注视曲线胜过直线，偏好对称的物体胜过不对称的物体。

听觉

这时，婴儿可以初步区分音乐的音高变化，有时候能静静地躺着倾听音乐。

辨别颜色

3 个月的婴儿可以区分红、绿、蓝三色，也能够分别灰色和彩色，并且偏爱彩色。

知觉

知觉，某种意义上讲是对感觉的加工过程。3 个月左右的婴儿出现了对形状的知觉，这是最早的知觉。

注意

当有发亮的东西或色彩鲜艳的东西出现在视野里时，婴儿会发出喜悦的声音或睁眼注视。这便是选择性注意的萌芽。

记忆

3 个月的婴儿已经有了短时记忆能力，有些婴儿甚至能记住一周前发生的事情。

多和婴儿玩视觉追踪相关游戏

针对3个月婴儿视知觉发展的特点，看护人可以准备一些能够训练婴儿追视能力的玩具和游戏。

可以在婴儿床的上方距离眼睛 20 ～ 30 厘米处，挂 2 ～ 3 种色彩鲜艳的最好是纯正的红色、绿色或蓝色的玩具。

可以在婴儿面前触碰或摇摆这些玩具，以引起他的注意。

在婴儿注视时，可以边摇边移动玩具，以使婴儿追视移动的玩具。

可分别用两个玩具来逗引婴儿。让婴儿先注视一个玩具，然后再拿出另一个玩具逗引他，让他将视线从一个玩具转移到另一个玩具。

也可以在婴儿专注地注视某一玩具时，迅速拿开玩具，以训练婴儿在原注视目标消失后接着寻找新注视目标的能力。

婴儿全身能动的部位都将参与情绪的表达

第3个月，婴儿会出现一种新的情绪，叫作悲伤。当他们的需要没有得到回应或满足，或者妈妈非常冷漠，他们会感到悲伤。悲伤的婴儿

通常比较安静、抑郁，总是一副不高兴的样子。

这个月龄的婴儿，愤怒和愉悦的情绪都表现得十分显著，高兴起来常常哈哈大笑，愤怒起来会哭得很厉害。这时，婴儿全身能动的部位都将参与情绪的表达。

对婴儿的情绪要更敏感些。悲伤是一种不易觉察的情绪。嘴角下沉，双眼无神，甚至双眼含泪，都是悲伤的表情。抚养人要积极探索婴儿悲伤情绪背后的原因，及时满足婴儿的需要。

跟婴儿做游戏，积极互动，可让婴儿有更多愉悦的情绪。一起做运动、玩游戏、说说话、做鬼脸都会让婴儿很高兴。

重要提示

婴儿3个月的时候，通常也是一些妈妈产后抑郁最明显的时候。产后抑郁与激素分泌、遗传、基础疾病、生产后的情绪、人格特征、睡眠不足、过于疲惫、夫妻关系不好、缺少社会支持、家庭经济状况不良等都有关系。产后抑郁主要表现为情绪低落、无精打采、总想哭、爱发脾气、担心自己照顾不好孩子、总有自责感和自罪感、对身边的人充满敌意、对生活缺乏信心、食欲下降、入睡困难等。如果这种状况持续时间超过3个月，需要及时就医。妈妈持续抑郁的情绪，会降低婴儿的抵抗力（乳汁不健康），易导致婴儿情绪低落、烦躁，甚至使得婴儿大脑发育减慢。所以，妈妈有抑郁情绪时，一定要及时调整和寻求帮助。

对五官清晰、轮廓分明的人脸画面更感兴趣

随着抬头、翻身等大动作的发展和手部精细动作的发展，3 个月的婴儿可以接触和看到的世界越来越广阔，看到的人越来越多。他们感兴趣的东西也越来越多，但仍然对妈妈绝对偏爱，喜欢跟妈妈聊天，喜欢看着妈妈笑。

与此同时，他们喜欢依偎和靠近看护人，进入对人的反应有差别的阶段。

有研究表明，3 个月的婴儿面对人的正面脸时，不论对方是生气还是微笑，都会报以微笑。如果把他们面对的正面脸变为侧面脸时，他们则会停止微笑。这说明他们对五官清晰、轮廓分明的人脸画面更感兴趣。

为了婴儿的健康发展，妈妈需要积极调整情绪

3 个月的婴儿拥有更敏锐的情绪感知能力，他们非常需要妈妈的无条件接纳和肯定。

很多妈妈这个时候可能会发生产后抑郁。为了婴儿的健康发展，妈

妈需要积极调整情绪。

妈妈要学会调整自己的情绪，更积极一些。

如果妈妈发现自己有产后抑郁，要努力摆脱低落的情绪，可以通过运动、与亲密的朋友聊天、每天参与1～2小时的劳动或工作、冥想放松、做自己喜欢的事情等方式让自己放松，而不是任由自己陷入抑郁的泥潭。

当然，如果妈妈出现了产后抑郁，请爸爸和其他家人一定要帮助她，给她支持和鼓励，分担她的育儿重担，多带她接触外界的环境。

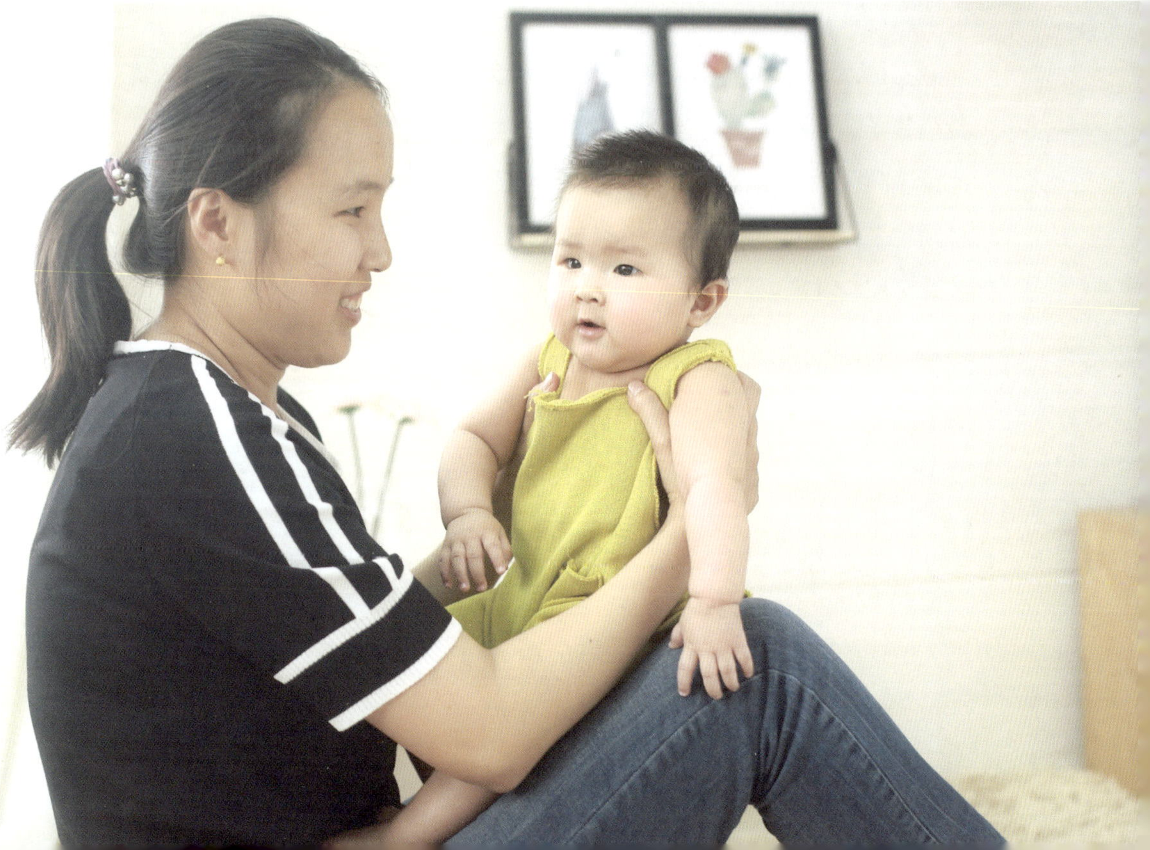

附：3 个月婴儿能力促进亲子游戏

感知自我：照镜子

游戏目标：锻炼孩子头部控制能力，并促进自我认知

游戏过程：

看护人用有声响的玩具吸引孩子抬头。当孩子抬起头后，让孩子看看小镜子。看护人可以问他："镜子里边的小孩是谁呀？"看护人可以将镜子向一边慢慢移动，看孩子的视线是否会跟随；然后可再向另一边移动镜子，鼓励孩子跟随镜子移动视线。

可配合儿歌：

小镜子，真有趣。
里边的小孩就是你。

温馨提示：

1. 孩子这时还小，做抬头游戏时还不能很好地控制自己，需要看护人帮助。开始时每次玩 3 ～ 5 分钟为宜，随着孩子能力的提高可逐渐延

长游戏时间。

2. 要多让孩子练习抬头。最好在有一定硬度的地方游戏。孩子抬头后，要左右、上下慢慢移动镜子，以吸引孩子。游戏后，抱起孩子亲亲、夸夸孩子。

主动抓握：伸手抓玩具

游戏目标：引导孩子主动抓握，促进手眼协调

游戏过程：

孩子情绪愉悦时，让孩子仰卧。看护人把玩具放在孩子头上方10厘米左右处并移动玩具，以引逗孩子转头、寻找、伸手抓握。看护人要随孩子小手的位置调整玩具的位置，尽量让孩子自行抓住，然后给予亲吻或其他鼓励。

可配合儿歌：

小玩具，我爱你，
抓住你，亲亲你。
小玩具，叮当响，
抓住你，晃一晃。

温馨提示：

1. 孩子还小，手眼协调性有待发展，游戏时容易疲劳，此游戏每次玩5分钟左右为宜。

2. 可以把玩具悬吊在孩子小床的上方，引导孩子仰卧时抓握。

抓握练习：抓住花铃棒

游戏目标： 促进视觉—运动能力的发展，训练触觉的敏锐性，促进伸手抓握能力的发展

游戏过程：

1. 看护人边轻轻摇动花铃棒，边用柔和的声音呼唤孩子，以让花铃棒的响声吸引孩子的注意。

可配合儿歌：

嘀铃铃，嘀铃铃，

宝宝宝宝听一听；

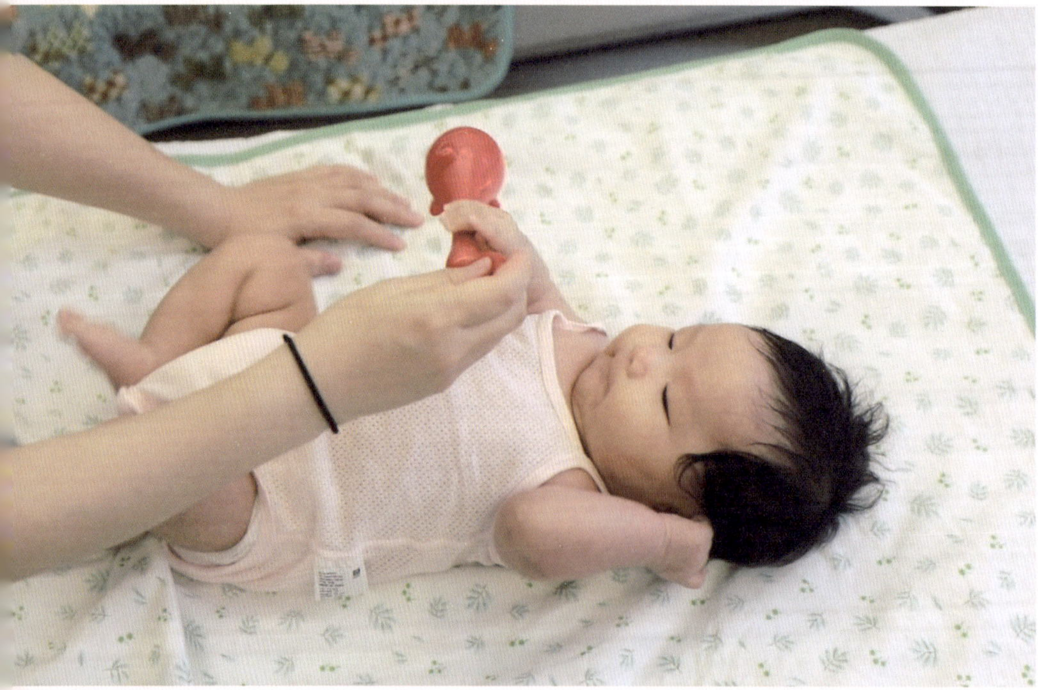

嘀铃铃，嘀铃铃，

花铃棒唱歌宝宝听。

温馨提示：

孩子出生以后，随时随地在观察周围的人和物。我们可以借助花铃棒以及类似的玩具和孩子进行交流。

2. 看护人笑着对孩子说："宝宝，宝宝，我们来抓花铃棒好不好？"然后在孩子看得见的地方，看护人边说边用双手为孩子演示抓握动作："打开、握拳，打开、抓住！"在示范完后，看护人将花铃棒放到离孩子不远的地方，让孩子尝试将手打开，抓住花铃棒。

可配合儿歌：

抓一抓，抓一抓，

打开小手练习抓；

抓呀抓，抓住啦，

握成拳，攥紧它。

温馨提示：

触觉对孩子来说是一项非常重要的能力，有助于孩子视知觉和身体知觉的体验。孩子刚刚来到人世间，需要持续的触觉刺激，比如经常揉揉孩子的手心等。孩子喜欢主动或者被动地去触碰周围的一切。那么，就去满足他的需求，帮助他发展触觉的敏锐性，促进其视觉—运动能力的提高。

俯卧抬头：找妈妈

游戏目标：促进前庭平衡，锻炼头、颈以及四肢肌肉的运动能力

游戏过程：

1. 看护人轻轻拍拍孩子，对孩子说："宝宝好可爱！身体好柔软！我们都爱你！来，我们来训练。"

2. 看护人轻轻地让孩子趴在床上，让孩子的头偏向看不见看护人的一侧。看护人用甜甜的、软软的、充满浓浓爱意的声音轻轻地呼唤或逗引孩子，比如："咦？宝宝呢？宝宝哪里去了？"这时，孩子也许会努力地抬头。

可配合儿歌：

小宝宝，床上趴，
凭着感觉找妈妈；
眼睛看，耳朵听，
转转头，找妈妈；
手动动，脚动动，
真想爬去找妈妈。

温馨提示：

1. 俯卧抬头练习时间不能太长，每次训练后都要让孩子仰卧休息一会儿。另外，孩子刚吃饱时，不要让他俯卧。

2. 俯卧抬头练习是孩子大动作发展的重要内容。俯卧抬头可锻炼孩子头、颈以及四肢肌肉的运动能力。当孩子能抬起肩膀，用手和腹部的力量把身体支撑起来，以肚子为轴转动身体观察周围的时候，他的视野

扩大了，他的自信心增强了，他由此便不再满足于在原地停留，逐渐会开始移动探索。

看图说话：看看图片

游戏目标： 促进亲子互动，逗引孩子发音

游戏准备： 黑白图片、彩色图片各 2 ～ 3 张

游戏过程：

孩子情绪愉悦时，看护人将孩子反抱着坐在沙发上，之后一张一张出示准备好的图片让孩子看，同时给孩子讲："这是卡片，它是什么颜色的？噢，这是黑颜色……这是白颜色……"也可以边说儿歌边出示图片。当孩子咿呀学语时，看护人要回应孩子，还可以让孩子摸摸图片。

可配合儿歌：

小卡片，手中拿，
看一看，是什么？
小卡片，变变变，
是什么？仔细看。

温馨提示：

1. 这个游戏最好有两个看护人参与。一个看护人反抱孩子坐好，一个看护人在孩子对面出示图片。这样看护人更方便与孩子互动、交流，孩子也能够看到看护人的面部表情。

2. 此游戏每天可以做 2 ～ 3 次，每次时间不要太长，最好在孩子情绪稳定时进行。

语言交流：咿呀咿呀

游戏目标：引逗孩子咿呀学语，与看护人“说话”

游戏过程：

孩子清醒的时候，和孩子面对面交流：“咱们说会儿话好吗？”然后观察孩子的反应，并说：“你听懂了吗？你想说什么？”“你说什么呢？是让我抱你起来吗？”“我抱你起来，看看周围都有什么吧。”等等。看护人可抱起孩子，一起看看周围的事物，并把它们的名称、作用、颜色等信息分别说给孩子听。

可配合儿歌：

宝宝不会说，
宝宝听得清。
宝宝不会说，
咿呀有反应。
宝宝反复听，
越听越聪明。

温馨提示：

1. 在给孩子换尿布、清洁身体甚至喂奶时，都可以边做这些事边告诉孩子我们在做什么，给孩子更多的语言刺激。

2. 在与孩子交流时，尽量保持轻松、愉快的情绪，语言、语调均要温和、亲切、自然。

色彩感知：小白兔吃萝卜

游戏目标： 促进头部控制能力及视觉辨别能力的发展

游戏过程：

1. 看护人在右手食指上套一个小白兔布偶，让它转身、跳跃等，同时叫孩子的名字，看孩子的视线是否能追踪小白兔。

2. 看护人在左手的拇指套上红萝卜布偶，让孩子看："红色的萝卜，红萝卜。"接着，在左手小指套上绿萝卜布偶，让孩子看："绿色的萝卜，绿萝卜。"然后，对孩子说："宝宝看看，红萝卜在哪里，绿萝卜在哪里，小白兔在哪里？"看看孩子的视线是否能随着问题相应转移。

3. 看护人同时举起左手和右手，试着让两手的布偶绕圈儿，看孩子是否能进行视觉追踪。

4. 看护人对宝宝说："小白兔要吃红萝卜，红萝卜在哪里？请你帮助它。"看看孩子有何反应。

温馨提示：

1. 视觉辨别能力是在孩子看东西的时候大脑将视觉信息与听觉、触觉、移动的感觉连接在一起的能力。如果视觉辨别能力差，孩子日后在看书、写字、学习以及其他活动中可能会出现许多问题。

2. 在社会交往中，视觉辨别能力差可能导致无法正确理解他人的面部表情与手势，从而直接影响社会性交往和自身情绪情感的发展。因此，千万不要忽视孩子生长发育过程中的每一个细节。

学习翻身：翻身看看

游戏目标： 锻炼从侧卧到仰卧、从仰卧到侧卧、从仰卧到俯卧的翻身能力

游戏准备： 带声响的玩具、孩子喜欢的玩具

游戏过程：

1. 孩子仰面躺在床上，看护人轻轻握着他的两条小腿，之后把右腿放在左腿上面，使孩子的腰自然扭过去。多次练习后，孩子便可以学会翻身。

2. 让孩子侧身躺在床上，看护人在身后叫孩子的名字，同时还可用带声响的玩具逗引孩子，使其闻声找寻，从而顺势将身体转成仰卧姿势。如果孩子做得有点费劲，看护人可以轻轻帮个忙。

3. 孩子能够从仰卧位翻成侧卧位后，看护人可在孩子从仰卧位翻成侧卧位抓玩具时，有意识地把玩具放得稍远一些（仍应在孩子的控制范围内），使其顺势翻成俯卧位。

温馨提示：

1. 看护人的动作一定要轻柔，以免扭伤孩子的小胳膊、小腿。

2. 训练初期，练习时间和次数不要太长、太多，要逐渐增加。

3. 不要在孩子刚吃完奶后或身体不舒服时练习。

4. 孩子学会独立翻身后，看护人仍要继续让孩子练习，以让其为日后学爬打基础。

第四部分

4个月婴儿的早期教育

4 个月婴儿的动作能力

4 个月婴儿在动作层面的发展呈现以下特点：颈部肌肉变得越来越有力；在床上趴着时，头部已能抬离床面数秒钟；仰卧时，可以自己翻身，翻至俯卧位；开始无意抓握；会偶然地、无意地把手边的玩具抓住、弄响；抓起东西时喜欢往嘴里塞；手眼协调水平仍然很差；可以看见 4 ~ 7 米远的地方；会向妈妈伸手要拥抱；喜欢各种四肢活动；经过训练，可以一手支撑身体，自由转动头部，用另一只手拿东西；等等。

如何促进4个月婴儿的运动能力

婴儿能在仰卧玩耍时不知不觉地变为俯卧姿势，经常出现不断挣扎着要翻身的动作。此时家长可以把孩子最喜欢的玩具放在他身旁，当他想把身旁的玩具拿到手的时候，就会不知不觉中翻身。

婴儿刚开始练翻身的时候常会把一只手臂压在身体下边，家长一定要注意，要帮助婴儿把手拿出来，并慢慢地训练婴儿自己将手放好，直至他能做到灵巧地翻身。

家长要注意，要有意识地帮助婴儿练习向左、右两个方向翻身。

家长这期间可以多和婴儿玩这个游戏：让婴儿仰卧位躺好，然后抓住婴儿的两只小手并让婴儿自己用力配合，接着稍用力将婴儿拉至坐位。

这种游戏活动，每天可以多做几次。家长用力要逐渐减少。这能够锻炼婴儿的臂力及腰腹力量。

“咿呀学语期”开始了

4个月婴儿的典型特征是进入了“咿呀学语期”。在这个阶段，婴儿的发音数量在增加，发音主动性在增强。这个月龄的婴儿能够将辅音和元音组合起来，比如“du-du”“hei-hei”等，有时还会将更多的音节结合在一起，连续说出一段语音，比如“a-bubu”等，这些语音更接近成人的语言。

4个月的婴儿能够注意到看护人的语气。如果看护人说话时轻松愉快，婴儿也会微笑。如果看护人说话的时候语气生硬或者带有怒气，婴儿会放声大哭。这表明他们能够从说话人的语气、语调中判断对方的态度和情绪。

4个月的婴儿懂得使用一来一往的话轮和他人“交谈”。当看护人和婴儿讲话时，婴儿会咿咿呀呀给予回应。如果看护人停止说话，婴儿还会主动发音，发起另一轮“谈话”。

重要提示

这个月龄的婴儿正处于“咿呀学语期”，特别喜欢“讲话”，有强烈的表达欲望。他们会在看护人发起谈话时咿呀回应。没有人和他们对话时，他们会自言自语，尝试发出各种语音。这实际上是婴儿在进行发音练习，婴儿正是通过这种方式为正式说话做准备。

如何与 4 个月婴儿互动

逗引婴儿发音

婴儿刚刚进入“咿呀学语期”，看护人应该创设对话的环境，激发婴儿发出更多的音。比如，当婴儿发出语音想引起看护人关注时，看护

人要及时回应，要么使用语言，要么使用动作安抚婴儿。

婴儿感觉到自己因发出语音受到关注，会有更强烈的表达热情，会更热衷通过这种方式和看护人沟通。

和婴儿沟通时，尽量面对面

在日常生活中，看护人应尽可能地利用各种可能的互动机会和婴儿沟通。喂奶时，用温柔的语音告诉婴儿你在做什么。给孩子换尿布时，也可以看着婴儿的脸部，告诉婴儿你要给他换尿布了。面对面 20 厘米左右的距离，可让婴儿更清楚地观察看护人的口型，有利于他模仿看护人发音。

用游戏与婴儿互动，提高婴儿听音和发音的积极性

可以给婴儿唱重复内容较多的童谣，每到重复的位置，就抬抬婴儿的小胳膊、小腿，或者亲亲他。这样能够引起婴儿对重复内容的注意。之后，他们会积极辨别这些发音，并在这些音再次出现时配合看护人做相应的动作。

认知能力发生质的变化

视觉

4 个月的婴儿能够追踪面前移动的任何物体，两只眼睛的协调能力开始增强，视线变得更为灵活，会尝试转动脑袋追视正在移动的东西。

听觉和嗅觉

婴儿这时可以区分不同的音色和不同的气味，对有刺激性的味道会翻身或扭头以回避。

知觉

开始对物体有整体的知觉，能通过物体的某一部分认识整个物体。

注意

注视自己喜欢的人或物的时间越来越长，例如可以注视妈妈的脸很久。

记忆

可以记住经常抚摸自己的人，可以区分熟悉的人与陌生人，但维持的时间仍然不长。

客体永恒性

这个月龄的婴儿还不能完全理解客体永恒性。他们看不见的东西便不会去寻找，因为他们认为这个东西消失了。

重要提示

这个月龄的婴儿喜欢重复做一些动作，比如吮吸手指、不停地踢腿、口吐泡泡并发出“喔”“啊”的声音等。

多和婴儿玩视觉追踪、触觉感受类游戏

针对这个月龄婴儿的特点，可以设计一些视觉追踪、触觉感受类游戏，以促进婴儿感知能力的发展。

吹泡泡游戏

当婴儿平躺或者趴着的时候，看护人可以把泡泡吹得高一点儿，或是吹得低一点儿，或是故意把泡泡吹到婴儿的手臂上、腿上、肚子上等。当泡泡飞起来的时候，让婴儿来回追着看泡泡可促进婴儿视觉追踪能力发展。当泡泡落在身体上的时候，婴儿会感觉凉凉的，可以刺激婴儿的触觉系统。

自制一个摇铃

找一个瓶颈细长的矿泉水瓶，在里面装上豆子、大米或其他物品，以在晃动时能发出声音，并在瓶子上系一根绳子。看护人先给婴儿示范，拽拽绳子，瓶子就会发出声音。婴儿会模仿看护人的动作抓住绳子拖拽或摇晃瓶子，听瓶子发出的声音。这有利于婴儿了解因果关系。

提供不同触感的物品供婴儿探索

探索各种各样的物品，能帮助婴儿发展手部精细动作，比如学习如何抓握、移动、放开物体。触摸材质不同的物体能促进婴儿触觉的发展，比如黏的、光滑的、外表有各种纹路的物品。形状、大小、重量、软硬程度不同的物体，则能锻炼婴儿不同的手部肌肉，促进精细动作的进一步发展。

情绪表达越来越丰富

这时，婴儿的情绪日渐丰富，出现了害怕、警惕、谨慎、兴奋、惊讶、惊喜等情绪。

因为知觉的发展，对于未探索过的环境，婴儿会保持警惕、谨慎，同时对新鲜的事物会表现出惊讶、惊喜的表情。

安全感足的婴儿，表达情绪也更充分。

儿童发展心理学的研究表明，无论地域和文化如何，婴儿表达害怕、惊奇、兴奋的表情都是一样的。

可以睡整觉了

这个月的婴儿基本可以睡整觉了，如果睡前饱饱地吃上一顿奶，夜晚通常可以持续睡 5 ～ 6 小时。

当然，这是理想的状态，通常这时只有 50% 左右的婴儿可以睡整觉。

出现了选择性微笑

这个月龄的婴儿普遍出现了选择性微笑，即他们面对熟悉的脸时笑的时候更多。4 个月前他们还分不清家里人和陌生人，但从这个月开始他们可以分清楚自家人和外人了。他们喜欢看到经常照顾他们的人，尤其是妈妈。

与注意力相关的积极情绪正在发展

婴儿对外界环境中颜色不同、形状不同的或动或静的物体的兴趣越来越大，这更驱使他们产生了惊喜、惊讶、好奇等情绪。

4 个月的婴儿有了更多与注意力相关的积极情绪体验，所以他们十分喜欢盯着东西看，且常常目不转睛。

对看护人来讲，这个时候不打扰婴儿是最好的选择。

尊重孩子的每一种情绪

敏感、细心的妈妈一定会发现，婴儿从这个月开始用表情、声音和动作与成人互动的频率以及不同情绪出现的频率大大提高。

有些婴儿在夜里仍会很兴奋，经常发出一些声音或根本不睡。如果他不吵闹，最好让他学着自己入睡。若他不能自己入睡，可试着轻柔地和他说话，或试着轻轻地拍他，让他入睡。如果还不行，就把他从摇篮里抱出来哺乳一次，或给他换块尿布。注意，要保持卧室光线昏暗，且尽量少讲话。他越是放松，越容易尽快入睡。

对于让自己感到不愉快或困惑的人或事，婴儿会转过头去选择不看，或者把目光移到别的地方，同时会减少积极的情绪表达。

这样的能力是一种适应能力。主动转移注意力的能力也是日后情绪管理的基础，因此父母不必担心孩子“胆小”。

我们要接纳婴儿出现的与知觉相关的害怕情绪，接受他们的害怕，同时引导他们在安全范围内尝试、探索，让他们不断拓展自己的认知边界。

不要否定婴儿的惊喜、惊讶、兴奋等情绪。当发现可引起他们这些情绪的刺激源时，我们应该更多地创造这样的环境，让他们有更多的积极情绪体验，从而促进他们大脑内啡肽的分泌，进而养成乐观的性格。

附：4个月婴儿能力促进亲子游戏

翻身练习：一起来翻身

游戏目标： 鼓励孩子从仰卧位翻至俯卧位

游戏过程：

孩子心情愉悦时，让孩子仰卧在床上。看护人面对面用有声响的玩具引逗孩子，先让孩子看看玩具，然后把玩具移到孩子一侧，使孩子追随玩具并在寻找中翻过身来。如果孩子不会翻，看护人可以把孩子的一条腿放在另一条腿上，顺着脚尖的方向，轻轻推动孩子的屁股，帮助其翻身。

可配合儿歌：

翻饼，烙饼，

油炸馅饼。

翻过来，翻过去，

瞧一瞧……

小孩子，看一看，

找一找，翻一翻。

温馨提示：

1. 孩子这时还小，游戏时需要有新颖的玩具引逗。看护人引逗孩子时要注意让孩子这一侧翻一翻，那一侧翻一翻，孩子左右两边都要得到锻炼。

2. 如果孩子不能自己翻过身来，看护人可以把手放在孩子后背，帮助孩子用力。孩子翻过身来后，要观察孩子是否疲劳。玩 2 ~ 3 次后，要抱起孩子亲吻，并给予赞扬。

肢体协调：拿娃娃

游戏目标：训练翻身能力，锻炼头、颈、躯体及四肢肌肉的协调能力

游戏过程：

1. 仰卧变侧卧。看护人对孩子说：“宝宝，来，我们学着翻个身拿娃娃吧！”说完后，看护人让孩子仰卧，将孩子的一只手放在胸部，另一只手向上举。然后，看护人一只手扶住孩子放在胸部的手，另一只手放在他的背部，帮助他学习被动翻身，从仰卧翻至侧卧。

2. 侧卧变俯卧。看护人用布娃娃逗引孩子抬头看，锻炼其头、颈部力量，使其顺势从侧卧位翻至俯卧位。

可配合儿歌：

身边放着大娃娃，
宝宝翻身过去拿。
翻呀翻，学翻身，
翻过身去拿娃娃。

温馨提示：

1. 看护人在游戏开始时，要引逗孩子的翻身愿望，甚至要助孩子一臂之力，帮他翻身。

2. 从仰卧到侧卧，可帮助孩子感受被动翻身的感觉，练习头、颈、躯干及四肢肌肉的协调能力。可爱的孩子，有时手舞足蹈，有时双脚乱蹬。看护人要抓住时机，随时指导跃跃欲试的孩子练习翻身。当然，看护人一定要在头脑中树立安全意识，日常生活及游戏训练时，都要注意安全，尤其要注意防止孩子坠床。

前庭平衡：翻一翻

游戏目标： 训练双侧协调，发展四肢的动作和力量，促进前庭平衡觉和感知觉能力的发展

游戏过程：

1. 孩子仰卧，看护人将一面小鼓拿在手里，边敲边吸引孩子的注意。当确定孩子在注视小鼓时，将小鼓往孩子头部右侧移动，让他不由自主地将头转向右侧。然后，换另一侧练习。

2. 看护人可边说儿歌边帮孩子做侧翻身练习。

可配合儿歌：

嗯！嗯！快使劲，
翻呀翻，学翻身。
嗯！嗯！侧翻身，
向左翻，翻过来，

向右翻，翻过来，

先练翻过一半身。

3. 如果孩子翻身不顺利，看护人可以助孩子一臂之力，帮助孩子把手搭在大腿上，并给他一点点力，让他向对侧翻身。

温馨提示：

翻身是成长中的重要经历。随着身体意识的发展，孩子双侧（两侧）统合开始发展。比如，看护人可以观察到，在玩拨浪鼓游戏的过程中，孩子是根据自己的偏好主要使用某一侧手来玩的。当侧化发展成熟后，孩子便会出现惯用手。

双侧协调：咕噜，咕噜

游戏目标：促进身体双侧协调能力发展，促进腰部力量发展，锻炼前庭和小脑的平衡功能

游戏过程：

1. 被动翻。在孩子精神状态较好的情况下，让他仰卧在床上，先跟他脸对脸近距离聊一会儿天，顶一会儿额头，再跟他做游戏。游戏时，看护人先将孩子从仰卧变换到侧卧，再从侧卧变换到俯卧，最后从俯卧再变换到仰卧。

可配合儿歌：

咕噜，咕噜，宝宝学咕噜，

脸冲上，咕噜，咕噜，

脸冲下，咕噜，咕噜。

一边学咕噜，一边哈哈笑，

一边哈哈笑，一边学咕噜。

2. 主动翻。游戏中孩子要很好地控制头部，较灵活地撑起胳膊，用胳膊支撑整个身体的重量。主动翻身时，孩子要用一只胳膊支撑身体，将另一只胳膊伸出去，挥动着调节自身的平衡，并在此基础上用头和颈带动躯干翻身。

温馨提示：

小脑主管本体觉与前庭平衡觉。许多动作，比如身体的移动、控制，许多精细动作技能等，都依靠小脑指挥。在游戏中，训练翻身可促进孩子小脑发育。在帮助孩子做出一系列动作的同时，要注意安全，保护好正在游戏的孩子。

抓握摇动：小拨浪鼓

游戏目标：锻炼孩子的抓握能力

游戏过程：

看护人把孩子抱在怀里，用有声响的拨浪鼓逗引孩子，并鼓励孩子抓住拨浪鼓。孩子抓住后，看护人可以引导孩子："这是拨浪鼓，摇一摇。"孩子不会摇的话，看护人可以握着孩子的手帮他摇拨浪鼓。

可配合儿歌：

手里握着拨浪鼓，

摇摇晃晃像跳舞。

温馨提示：

1. 看护人在引导孩子抓拨浪鼓时，要让他的左右手都练一练。每天可以练习 3 ~ 5 次。

2. 可以给孩子提供更多质地不同、形状不同的抓握玩具，激发孩子抓握的兴趣。

手眼协调：拍一拍、搡一搡

游戏目标：训练手部精细动作，促进手眼协调能力发展

游戏过程：

1. 看护人将孩子抱在怀里，坐在镜子前面，给孩子示范拍手的动作，然后一边说“小手放进大手里，拍拍手儿做游戏”，一边将孩子的

小手放到自己的大手里，并帮助孩子模仿拍手的动作。

2. 看护人将孩子抱在怀里并坐好，然后一边用自己的大手把孩子的手攥紧，一边说儿歌。

可配合儿歌：

小手拍一拍，小手伸出来，
小手攥一攥，五指再张开；
小手拍一拍，小手伸出来，
小手胖乎乎，小手真可爱。

温馨提示：

模仿会让孩子和看护人更加合拍。在游戏中，看护人要帮助孩子玩自己的手，尽量做到手眼协调。精细动作在这个过程中会得到相应的锻炼和提高。

抓握释放：抓一抓、放一放

游戏目标： 训练抓与放的技能，为手指灵活摆弄物体打基础

游戏过程：

1. 看护人将色彩鲜艳的、孩子喜欢的小玩具放到孩子身边，并逗引孩子："宝宝快看，把你的双手打开，伸手去抓。"当孩子抓到后，要肯定孩子做出的动作，为孩子的努力鼓掌。

2. 看护人帮助孩子松开手，让他把抓到手里的玩具放下来。要让孩子舍得松开自己的手，让自己的手放空。当孩子松开手里的玩具时，看护人要为他鼓掌，祝贺他完成了这个动作。

可配合儿歌：

小手绢，手里拿；小玩具，手里抓。
拿一拿，放一放；抓一抓，松开来。
宝宝小手真灵活，宝宝小手真听话。

温馨提示：

触觉辨别力的训练，是为了帮助孩子提高触觉敏感度和分辨各种外界刺激的能力。当孩子在视觉引导下会触碰物体之后，近处和远处的物体都能吸引孩子去够、去抓。看护人要帮孩子练习抓住及松手的动作，以及放下手中的物品去抓另一个物品的意识，从而达到训练手指灵活摆弄物体的能力的游戏目标。

俯趴抬头：听着音乐练抬头

游戏目标：增强身体的移动意识，训练前庭平衡

游戏过程：

1. 每天给孩子洗完澡，做完抚触后，让孩子俯卧在床上，然后播放一些节奏明快的音乐，让孩子随着音乐进行抬头训练。可以从 4 小节训练、4 小节休息，逐渐延长至 8 小节甚至 16 小节训练。

2. 欢快的音乐可以使孩子精神振奋。寻找音乐的源头可能成为孩子俯卧时练习抬头的动力。当孩子因两臂撑不住头部的重量而趴下时，可以轻轻揉一揉他的两臂和后背，并给他充满爱的鼓励。

温馨提示：

俯趴训练可促进前庭系统发育。从感官系统发育和成长的角度来

讲，经常俯趴有利于孩子头部和颈部肌肉的增强，可以促进孩子脸颊部位的触觉感知，还可以促进其口部肌肉能力发展。俯趴抬头训练还特别适合那些头部还直立不起来的孩子。音乐可以让孩子兴奋，能增加其参与运动的兴趣。

逗引发音：咿咿呀呀

游戏目标：逗引孩子发音

游戏过程：

让孩子仰卧在床上，看护人面对面和孩子交流。看护人听到孩子主动发声时，要及时咿咿呀呀地回应，使孩子感受到与看护人交流的快乐。如果孩子不出声，看护人可以用语言、面部表情、肢体动作等和孩子交流。

可配合儿歌：

小宝宝，咿呀呀，
咿呀呀，要说话。
要说话，说的啥？
说的啥，咿呀呀！

温馨提示：

1. 在孩子咿呀学语时，要多和孩子交流。对孩子来讲，来自爸爸妈妈的积极回应尤其重要。

2. 日常生活中，要多抱孩子，引导孩子观察周围的人和事物，并且最好边看边给孩子讲解。

逗引发音：面具游戏

游戏目标： 逗引婴儿发音，鼓励他咿呀学语

游戏过程：

在孩子心情愉悦的情况下，妈妈拿出事先准备好的面具和孩子交流："看看这是什么？"然后，妈妈戴上面具："这是一个面具。你能看看我是谁吗？"最后，妈妈摘下面具："我是妈妈呀！"

可配合儿歌：

面具面具真有趣，
挡在脸上不见你。
摘下面具看一看，
妈妈妈妈在这里。

温馨提示：

1. 在孩子情绪稳定的时候，和孩子玩面具游戏，可引发孩子探究陌生事物的兴趣。

2. 看护人最好把和孩子互动时的肢体行为用语言清晰地表达出来。

NEW YORK

第五部分

5个月婴儿的早期教育

5 个月婴儿动作发育的特点

被扶着腋下时，婴儿能站直，能抓住悬吊的物体。仰卧时，婴儿常抬起双脚踢、蹬。

重要提示

该月龄的婴儿非常喜欢两只手各抓一个物体玩，甚至已经开始学习倒手。

婴儿在4个月左右时一开始能翻身一半，即从侧卧翻到仰卧或从仰卧翻到侧卧，然后才能慢慢地从俯卧翻到仰卧。

5个月大的婴儿在被扶起后能坐、能立，能两手各握一个玩具，做动作有了简单的目的且能够做出一些有效的动作，但抓握时仍是“一把抓”（拇指与其余四指没有分工），而且还伴有许多不相干的动作。

这个阶段的婴儿会咬放在嘴里的东西，会找铃铛、看电视，喜欢藏猫猫，会摇晃和敲打东西。

如何促进 5 个月婴儿的运动能力

到 5 个月时，由于躯干的肌肉已经可以支持脊柱，因此婴儿可以直立片刻，可以做站立练习。

这时，靠坐练习也可常做。练习靠坐时，可将婴儿放在有扶手的沙发或小椅子上，让他靠着坐，或将他放在床上，并在其身后放一些棉垫或一床被子让其靠坐。之后，可慢慢减少其身后靠的东西，甚至可以让其独坐片刻。

此时，也可以多练习爬的动作。

练习直立跳跃是此时期婴儿最喜欢的游戏之一。家长可抱婴儿坐下，然后用双手扶住婴儿腋下，让婴儿的双脚在家长的腿上一蹿一蹿地跳跃。每次可玩 1 分钟左右，每天可以练习 2 ~ 3 次。这种练习可为婴儿学习站立做准备。

可以和婴儿做“更有效的沟通”了

5个月的婴儿辨别语音、语调的能力在增强，能够区别妈妈和其他人的声音，也能区别声音中包含的情绪。

5个月的婴儿会使用不同声调的语音来表达自己的情绪。他们不想躺下时，会发出语调上扬的尖叫声。他们心情愉悦时，会用平和的语气自言自语。

这都说明他们能够用符合沟通规则的方式和别人“交流”了。也即，这时可以和婴儿做“更有效的沟通”了。

重要提示

咿咿呀呀的发音是这个月龄的婴儿与家长互动的主要方式。当家长和5个月的婴儿说话时，婴儿会发出声音作为回应。如果家长常常逗引孩子，或者在孩子咿咿呀呀之后模仿孩子咿咿呀呀地发声，那么孩子也会用咿咿呀呀回应。

多给婴儿唱儿歌、读童谣和古诗

唱儿歌

5 月龄的婴儿辨识语音、语调的能力已有提升，可以多给他们唱儿歌，促进他们对语音、语调的辨别能力。儿歌旋律优美，歌词押韵，能够促进婴儿对语音和语调的辨识能力的发展。家长最好多储备几首儿歌，不时唱给婴儿听。家长在唱歌时，最好伴随儿歌的节奏轻轻晃动婴儿，加深他们对节奏的认知。

读童谣和古诗

如婴儿从小只与家长交谈，仅仅能学会与人交谈的口语。若尽早让婴儿接触书面用语，可以让他掌握更丰富的词汇。这个年龄段的婴儿语音辨别能力在增强，可以给他们读语言优美的童谣和古诗，让他们记忆、模仿，从而扩展他们的词汇量，丰富他们的语言。

对外界事物更感兴趣

5个月的婴儿，除了对自己的身体很感兴趣，对外界物体也产生了浓厚兴趣，甚至能基于其他物体做一些有趣的事，比如按按钮、伸手抓面前的玩具、将拿到的东西往自己嘴里送等。这些动作能够带给婴儿极大的乐趣，所以他们会不断重复。

此外，在认知方面，婴儿有了如下发展。

视觉

5个月的婴儿能够注视相当远的距离的物体。

手眼协调

5个月的婴儿视觉和触觉的协调能力已有长足发展，可以有意识地够取物体，并通过触觉来探索外在世界。例如，他们可以较准确地抓到自己喜欢的玩具。

注意

5 个月的婴儿开始注意体积小而数量多的物体，例如乐高玩具，同时注意力持续的时间有了显著提高，由原来的几秒发展到现在的几十秒。

记忆

可以记住妈妈的样子，看见妈妈就高兴，会舞动四肢，甚至发出笑声。

多和这个阶段的婴儿玩探索游戏

根据这个月龄的婴儿喜欢探索外部世界的特点，可以同婴儿做如下游戏。

从箱中向外拿玩具

为婴儿准备一个装满各种物品或玩具的箱子，如绑有铃铛的手帕、绒布熊等，他会一件一件地将箱内的物品或玩具拿出来，并且很享受这一玩耍过程。

敲打不同的物品

给婴儿一把尺子或一根小棒，让他敲打不同的物品。这种方式可以培养手眼协调能力。

训练孩子两手各拿一个玩具

对婴儿来说，用两手各拿一个玩具相当困难。一开始，他要拿另一个玩具时，会不自觉地松开抓着的玩具，但慢慢地他就会用两手各拿一个玩具。当他两手都拿着玩具时，可以试着再给他一个玩具，看他怎么办，以培养他解决问题的能力。

情绪系统日臻完善，能够识别情绪

这个月的婴儿开始通过面部表情识别他人的情绪。他们最先识别的情绪是高兴，而后他们可以识别愤怒的情绪。这种能力可以为他们与抚养人建立良好的依恋关系做准备。

重要提示

5 个月的婴儿情绪丰富，对环境很敏感，喜欢和家人说话，对和抚养者之间的互动越来越有兴趣。当然，他们更喜欢积极的情绪互动。

5 个月的婴儿喜欢看镜子里的自己。当然，他们这时候还不知道镜子里的那个人是自己。

5 个月的婴儿对躲猫猫游戏和新鲜的玩具很感兴趣。这可以促进他们知觉的进一步发展。

这个月的婴儿会根据外在环境的变化做出相应的表情。例如，妈妈高兴地伸出双手拥抱婴儿时，婴儿会表现得很兴奋；如果妈妈很生气，瞪着眼睛，婴儿就会表现出害怕并努力躲避的样子。也即，他们已经可以区分积极情绪和消极情绪了。

培养婴儿情商最好的时候到来了

婴儿的情绪系统日渐完善，除了基本情绪外，复杂的社会性情绪也开始出现。而且，伴随情绪识别和情绪理解能力的不断增强，他们对情绪的敏感度越来越高。这时候是培养婴儿情商最好的时候。

跟婴儿交流时，要多使用情绪相关词汇，如高兴、难过、生气、害怕等；可多说简单一点儿的单词，并且要多重复；情绪和表情一定要对应，以让婴儿更快地识别情绪，并理解情绪的意义。

不管是在跟婴儿的日常互动中还是在游戏中，如给婴儿做抚触、和婴儿玩拨浪鼓等，我们都要带着愉悦的表情，多模仿婴儿发音，他们发什么音，我们就发什么音。他们会因为自己被理解了而更高兴，也会更多地模仿我们的语言。

虽然婴儿这时可以识别并理解诸如害怕、恐惧、难过、生气等负性情绪，我们在日常生活和游戏中还是尽可能不要制造这样的气氛。这个阶段，发展婴儿的积极情绪很重要。随着年龄的增长，他们会不断体验负性情绪。平时游戏时，要多让婴儿笑。这样，婴儿会更有安全感，性格会更乐观，适应能力也会更强。

附：5个月婴儿能力促进亲子游戏

双手抓握：一手一个

游戏目标： 训练孩子双手同时抓握的能力

游戏过程：

孩子仰卧时，看护人把玩具放在孩子眼前并引逗孩子，鼓励孩子一手抓握一个。孩子坐着时，看护人把玩具放在孩子面前，鼓励孩子一手抓握一个。孩子抓到后，看护人帮助其摇一摇玩具。

可配合儿歌：

小玩具，我爱你，
天天和你做游戏。
一手抓，一手握。
摇摇晃晃真快乐。

温馨提示：

1. 孩子不能一手握一个玩具时，看护人可以帮助孩子，把玩具放在孩子手里，然后再帮助其晃动玩具。

2. 玩抓握游戏时，开始最好用直棒玩具，以方便孩子抓握，然后慢慢引入环形抓握玩具。注意，可以多准备一些材质不一样的玩具，以利于孩子抓握时产生不同的感受和认知。

听声辨位：谁在叫我

游戏目标： 训练孩子的语音辨别能力

游戏过程：

1. 孩子睡醒或情绪稳定时，让其仰卧或俯卧在床上。看护人在孩子一侧叫他的名字，观察他的反应，并用声音吸引他，让他寻找声音来源。当孩子转头，找到声音来源并发出笑声时，看护人要及时表扬和鼓励孩子，可以亲亲孩子、抱抱孩子。

2. 如果孩子被一看护人抱着，另一看护人可以在孩子看不见的地方，反复叫孩子的名字，引逗孩子寻找声音来源。孩子找到后，看护人可以和孩子顶顶脑门儿，也可以亲亲孩子。

可配合儿歌：

宝宝，宝宝，听一听，
哪来的声音："宝宝，猜猜我是谁。"

温馨提示：

1. 看护人叫孩子名字时，可以模仿不同的声音，以引发孩子的注意。

2. 生活中要多叫孩子的名字，帮助孩子记住自己的名字，少用"宝宝”“小宝贝”等称呼孩子。

语言交流：我要说话

游戏目标：为孩子营造语言环境，促进孩子语言能力发展

游戏过程：

1. 看护人在孩子情绪稳定的情况下，和孩子面对面进行交流，比如“今天你睡得好吗？”“你想和我说话对吗？”等。

2. 看护人也可以把汉语拼音字母一个一个说给孩子听，每说一个字母，看看孩子的反应。

3. 看护人还可以和孩子说说当天的天气，说说家里的人或事等。

温馨提示：

1. 坚持每天在孩子情绪愉悦时和孩子亲切交流，可大大促进孩子语言能力发展。

2. 如果孩子发出“o”“ɑ”等声音，看护人要积极地回应，也可以重复“o”“ɑ”等声音作为回应。

手眼协调：小鼓咚咚

游戏目标：练习拍的动作，发展手部动作的协调性，促进节奏感发展

游戏过程：

1. 孩子坐在看护人怀里。看护人用手拍打玩具小鼓，让孩子听鼓

声，然后边拍边说："我的小鼓，咚咚咚。"

2. 接着，协助孩子边有节奏地拍打小鼓边说"宝宝的小鼓，咚咚咚"。

3. 当孩子能自主拍打鼓面，就可以尝试和孩子面对面各拍打一面小鼓。

温馨提示：

1. 和孩子说话时，语速应稍微放慢，但仍要表现出节奏感。

2. 对坐敲鼓时要看着孩子的脸，同时要注意拍打小鼓的节奏，以培养孩子的节奏感。

动作模仿：有样学样

游戏目标： 培养孩子的观察力、专注力，以及对自己动作的控制能力

游戏过程：

1. 看护人将孩子面对面抱在怀里，边唱儿歌，边让孩子跟自己学着做动作。

2. "小脑袋摇一摇。"做摇头的动作，然后请孩子做动作。

3. "小舌头伸一伸。"做伸舌头的动作，让孩子仔细看。

4. "宝宝乖，小舌头伸出来，小舌头伸进去。"请孩子做动作。

5. "小眼睛眨一眨。"做眨眼睛的动作，然后请孩子模仿。

6. "小手指抓一抓，握一握。"做抓握动作，请孩子模仿。

温馨提示：

看护人做动作时，尽量用夸张的表情，以及大幅度的慢动作，以引发孩子关注。

扶坐训练：坐起来

游戏目标：发展孩子上身肌肉，为以后的独自坐做准备

游戏过程：

1. 看护人拉着孩子的双臂，进行“拉坐”，边拉孩子边说：“起来。”注意观察孩子的头是否会向前伸。如果孩子的头向前伸，就扶着孩子的肩部让他坐起来。注意观察孩子的情绪状态。可反复练习几次。孩子情绪不佳，应停止。

2. 看护人在跟孩子进行游戏时，可以边说儿歌边游戏。

可配合儿歌：

扶住宝宝两肩膀，
拉一拉，拉一拉，
坐起来，坐起来，
帮助宝宝坐起来。

温馨提示：

1. 孩子的头若向后仰，表示颈肌无力。若孩子颈肌无力，应立刻停止游戏。

2. 看护人要注意，孩子坐起的速度不能太快。

拉坐练习：跷跷板

游戏目标：训练颈肌、背肌力量，促进平衡感发展

游戏过程：

1. 播放轻音乐，并让孩子仰卧。看护人握住孩子的手腕，随着音乐的节奏将孩子缓慢地拉起。

2. 当孩子与看护人面对面时，尽量逗引孩子发笑，使其头部竖直几秒钟，然后再轻轻放倒孩子。可重复 3 ～ 5 次。

3. 结束后，让孩子躺在垫子上，对孩子进行鼓励式拥抱、抚触，使孩子得到一定的放松。

可配合儿歌：

小小孩，不淘气，一起来玩跷跷板，
我上天，你入地，就像小鸟飞上天。

温馨提示：

1. 仰卧拉坐时，孩子头部不后置。

2. 看护人在与孩子进行游戏时，注意握住孩子的手腕上方，并配合音乐节奏进行。当孩子不配合时，一定不要强求，避免脱臼！每日可练习 2 ～ 3 次。

第六部分

6～8个月婴儿的早期教育

6 ~ 8 个月婴儿动作发育的特点

6 个月时，婴儿会身体前倾独坐片刻，并且会用手支撑；会抓握自己的脚玩耍；被大人扶着站立时，会做蹦、跳的动作；开始学习爬行；喜欢做伸手动作，对于任何在眼前的东西都想伸手去抓（动作快且准，不相干动作减少）；会撕纸；能抓开蒙在脸上的手帕；会扔东西；能把玩具从一手递到另一手；喜欢到室外玩。

7 个半月左右，婴儿能够自由翻转；能双手扶着物体站立；会爬；会用拇指配合其他手指抓玩具；能用一个玩具敲打另一个玩具；能自如地独坐，且能坐稳，不需要扶持；可以以腹部贴地，用手臂带动身体和两腿前进（即匍匐爬行）。

约在 8 个月时，婴儿能用手和脚支撑爬行；能自己拿饼干吃；拿东西时，能抓得很紧，且能够按物体的形状、大小、位置变换手的姿势；会寻找掉落的玩具。

重要提示

这时候婴儿已能靠着物体独坐，但不能让他独坐太久，以免脊柱发生弯曲。该月龄婴儿脊柱、颈椎的灵活性仍有待提高。婴儿被竖抱时，另一个人可以在背后逗他，激发其转身。由于精细动作有所提高，准确抓握能力已有长足发展。手眼动作协调有待加强，可以开始训练拇指与他指对捏。

如何促进 6 ～ 8 个月婴儿的运动能力

婴儿这时已能够独坐，家长要经常让婴儿练习用双手拉着大人的手指坐起来的能力。

可以把各种玩具放在婴儿够得着的地方，让他练习伸手抓握。

每天鼓励婴儿坐着玩一会儿，但时间不要太长，开始时以 5 ～ 10 分钟为宜。每天可练习 3 ～ 4 次。

婴儿这时喜欢翻滚，家长可以给婴儿准备平坦且不太软的床、沙发、席子、爬行垫等，让婴儿俯卧，并用能发出声响的、色彩鲜艳的玩具引逗婴儿从俯卧变为侧卧、仰卧，再从仰卧变为侧卧、俯卧，但是一定要注意安全。

随着动作能力的发展，原地打转也变为一种好玩的运动。让婴儿俯卧在床上，家长用玩具在婴儿一侧引逗，使婴儿以腹部为支点四肢腾空。婴儿上肢想够取玩具时，下肢也会着急地运动，身体因此就会在床上打转转。

婴儿见到陌生人就哭、抵触新环境往往是因为触觉过于敏感。家长可以通过一些简单的方法来唤醒婴儿的皮肤触觉，以缓解这种敏感的状况。比如，找一个吹风机，调到微风挡，缓缓吹婴儿的皮肤；用软刷子轻刷婴儿的身体；拿梳子轻轻敲击婴儿的皮肤；等等。

婴儿醒着的时候，如果他愿意坐，家长要尽量引逗婴儿坐着玩。在婴儿坐着时，可以把住他的食指，帮助他摆弄玩具，使玩具转动、发声等；也可以在婴儿不知不觉中将玩具放在他的身后，引导他寻找。

在教婴儿认识动物玩具名称的同时，可教他模仿动物的叫声、动作等，还可以教他指认玩具娃娃或动物玩偶的五官。

爬行是婴儿运动发展过程中的一个重要里程碑，是一种极好的全身运动。婴儿由于协调性不够，因此会经常变换方向爬行，家长要为其提

供宽大的、安全的爬行空间。

婴儿在床上爬行时（床不要太软），家长要在一旁看护。最好在地上铺垫子让其练习爬行，这样可以避免从高处摔下来的危险。

开始练习爬行时，多数婴儿会后退着爬行。这时家长可以在婴儿面前放上他喜欢的玩具，并在前方呼唤他的名字，以引逗他向前爬行。

家长可以在婴儿身后，用双手抵住婴儿的双脚帮助他用力向前爬。开始爬行时，婴儿的腹部不会离开床面或地面，只会匍匐前进。之后，随着练习的增多，婴儿将逐渐学会手膝爬行，动作也会越来越协调。

七八个月大时，婴儿会慢慢学会爬行，并会不断地通过努力抬头、仰脖子来锻炼前庭觉。

向前爬行的过程对孩子来说也是一个探索的过程，能够提高孩子的手眼协调及视听能力。

语言理解能力开始提升，能发更多音

6个月的婴儿能够更好地控制发音器官，可以发出更多的音。而且，他们的发音出现了语调。他们发的有些音已经类似正式的词语，如“爸爸”“妈妈”“哥哥”等，但是他们还不能将这些发音和对应的人和物相匹配，所以这些音仍属于无意义的发音。

7～8个月的婴儿能够辨别更多的语音、语调，尤其能够根据家长的语调判断他们的情绪。如果妈妈用愤怒的语调说话，他们会哇哇大哭。如果妈妈用平和的、愉悦的语气说话，他们会高兴地做出回应。

7～8个月的婴儿语言

理解能力大大提升，能够听懂家长日常生活中的很多语言。比如，家长问："小汽车在哪里？"这个月龄的婴儿会看向小汽车，或者用手指认。但是他们大多时候仍不能真正懂得家长说的话，只能根据家长说话的语调和手势推断家长想表达的意思。

7～8个月的婴儿有了更复杂的"咿呀学语"，他们不仅在自己玩耍时会说这种语言，和其他同龄婴儿在一起时也会用这样的语言交谈。婴儿还会用语音来吸引别人的注意。比如，哥哥在家里制造噪声，7个月的弟弟会朝哥哥"咿咿呀呀"说上一通，以制止哥哥制造噪声的行为。

重要提示

和5月龄的婴儿相似，6月龄的婴儿在独自玩耍时，也喜欢自言自语，这是在练习发音。家长逗引他们时，他们能发出类似语言的声音。

在7～8个月身体语言发展期，婴儿能用体态表达，不但有表情、有动作，有时还会发出声音。当兴奋、愉快时，他们会咧嘴笑。表达要求时，他们会撇嘴。男婴通常以噘嘴表示要小便，女婴则多以咧嘴或上唇紧含下唇表示要小便。眉头紧锁，脸部发红，目光发呆，这是要大便的信号。大多数婴儿在吃饱、尿布干净而且没有睡意时，会玩弄自己的嘴唇、舌头，或是吸吮手指。这时婴儿更愿意独自玩耍，不愿被别人打扰。

7个月时，婴儿会张开双臂，将身体扑向亲人，要求拥抱、亲热。若陌生人想要抱他们，他们会回避，以此表示不愿意与陌生人交往。

8个月时，婴儿会以拍手和微笑表示高兴，以点头表示谢谢，以摇头表示拒绝。

帮孩子建立语音和实物之间的联系

6月龄的婴儿能有指向性地发出一些语音，此时家长要及时回应孩子的发音，并用手指向对应的物体或人。比如，爸爸在抱婴儿时，可以

用手指着妈妈说："这是妈妈。"

用类似的方式可以帮助婴儿把语音与人或物联系起来。在这个过程中，家长应当使用准确、简洁、易懂的语言与婴儿对话，帮助他逐步建立语音、语意和实物之间的联系。

开展早期阅读活动

家长可以选择适合这一年龄阶段孩子的读物，尽早开展早期阅读。

可以先选择一些图片给孩子看，注意背景要简单、色彩对比要强烈、主要认知物要突出。

阅读时，家长要边指导婴儿看图片边用语言进行讲解。最好采取点读的方法，即家长用手指点着图片或文字，指到哪儿就讲到哪儿，以使婴儿的注意力集中在正阅读的内容上。

如果缺少和日常生活联系密切的图书，可以自制图书。比如，用家人的照片制作一本图册，然后和孩子一起指认图册中的家庭成员。

充分利用婴儿模仿的兴趣

7 ~ 8 个月是婴儿人生第一年最善于模仿的时期，要充分利用这段宝贵的、最利于进行语言教育的时期，让婴儿认识家里的常用物品，学习礼貌用语、称赞用语以及和常用动作相关的用语。

和婴儿一起做一些简单的指令游戏

做法是，家长面对婴儿，发出简单的指令，如让婴儿拍拍手、摇摇头、伸出舌头笑一笑等。家长可以一边说一边亲自给婴儿做示范。如果婴儿能理解家长所说的内容，家长可以只说话，不做示范。

耐心引导孩子说话

当婴儿指着他想要的东西时，家长不要急于拿给婴儿，而是要鼓励他一边指着东西一边发出声音，教他把打手势与声音结合起来，直到最后用语言代替手势。

另外，要让婴儿经常保持愉快的情绪。在其他条件相同的情况下，快乐的孩子常常比不快乐的孩子学说话要快些。

视知觉更加协调

这个阶段，孩子的视知觉更加协调，主要表现在以下几方面。

视敏度越来越好

6 月龄是婴儿视敏度发展的关键期。视敏度指分辨物体细微结构的能力。6 个月的婴儿已经能辨别大小，基本理解大小恒常。也就是说，当物体由于距离不同在视网膜上的成像大小发生变化时，婴儿不会认为物体本身的大小发生了改变。

视知觉持续发展

7 ~ 8 个月婴儿的视知觉能力持续发展，仰躺时能抬头巡视四周，坐着或站立时能随着大人的视线或手势而注意某人或某物；已能理解形状恒常概念；能在人群中辨识家人，也可从照片中认出妈妈。

视触觉联合发展

随着手眼协调能力的发展，7个月以后的婴儿能通过视觉和触觉同时探索外部世界。他可以用双手对自己感兴趣的物体进行挤、甩、滚、摆弄等，这种探索可以帮他更详细、更全面地了解具体物体的各个方面。看到前方有玩具，他会伸手去拿。看到吸引他的东西，他会以各种可能的移动方式到达目的地，拿到吸引他的物品。

“客体永恒”概念开始发展

7～8个月的婴儿大脑已经具备自主感知和短暂记忆，能够寻找并发现被简单转移的物体。比如，你将一个玩具藏在A位置，每次他都能立即找到玩具，但当你把这个玩具从他手中拿走，放到B位置，他虽然已经看到了这个动作轨迹，但去寻找玩具的时候，还是会去最初藏玩具的A位置。

重要提示

这个月龄的婴儿特别喜欢模仿大人的动作，只是模仿得不够准确。你对他做出弯曲和伸直手指的动作，他模仿的结果可能是张开手掌或握拳。

也就是说，这个阶段的婴儿的模仿图式是不准确的。如果想更为准确地模仿某个动作，需要进行几天或者数周的练习。

婴儿这时喜欢寻找掉落的东西，也喜欢玩躲猫猫游戏，这是因为他的智力发展到了新的水平，他已能理解“客体永恒性”。也就是说，6个月前如果婴儿看到物体不见了，就以为消失了，但现在他意识到，外界的物体并不会因为自己看不到而不存在。

所以，非常适宜这个月龄孩子的游戏是躲猫猫游戏或寻找一部分被藏起来的玩具的游戏。

用多种方法促进婴儿的综合能力

要经常和婴儿一起观察运动的物体。比如，当天空有小鸟或飞机飞过时，指给婴儿看，引导他观察运动的物体，训练其追视能力。

还可以和婴儿玩“忽远忽近”的游戏，培养他的三维空间知觉。比如，爸爸妈妈拿着玩具跑来跑去，一会儿靠近婴儿，一会儿远离婴儿。这会通过视网膜上“近大远小”的成像强化婴儿相应的空间感知。在这个过程中，婴儿可逐渐熟悉物体的大小和形状，慢慢就能发展出大小恒常和形状恒常的认知。

七八个月的婴儿具备一定的精细动作能力，喜欢玩揉纸、撕纸的游戏，这也是训练婴儿手指灵活性的一个好办法。可以给他各种不同的纸，如广告纸、包装纸、玻璃纸、卫生纸等，让他感受每种纸摸起来、撕起来的感觉、声音都是不一样的。

这个月龄的婴儿可以自由抓握物体，甚至可以找出具有相同特点的物体。家长可以提供一些相似而又有差异的玩具给婴儿。在婴儿玩耍时，把某个玩具突然拿走，看看婴儿是否意识到自己的某个玩具不见了，过一会儿再把这个玩具拿回来。在这个过程中，引导婴儿观察玩具间的差异，以此培养婴儿的观察力。

出现分离焦虑

6～8个月的婴儿出现了分离焦虑和陌生人焦虑，害怕与妈妈分开，害怕与陌生人接触。

婴儿并不会对所有陌生人都感到害怕，影响因素包括：

1. 父母是否在场。如果父母在场，他的焦虑就会减少。

2. 环境是否熟悉。熟悉的环境能降低婴儿的焦虑程度，所以在家里遇到陌生人，他不会大哭大闹。

3. 陌生人距离他越近，他就越害怕。陌生人若长得棱角特别分明，或留着大胡子，他会更害怕。

4. 如果家里许多人都在婴儿身边，他就不会害怕。

5. 妈妈与婴儿关系亲密，且不会在他有情绪的时候还非得“锻炼宝宝的胆量”，而是给予理解和接纳，他就不会焦虑。

6. 婴儿从小获得的听觉刺激和视觉刺激越多，越不容易怯生。

这个阶段，亲子安全依恋关系的形成极为重要

依恋是我们与特定人强烈的情感联结。有安全的亲子依恋，婴儿才可以不断获得适应社会、发展自我的心理品质，这也是他成人以后获得幸福的基础。

心理学家艾恩斯沃斯根据陌生情境法将亲子依恋分为四种：安全型依恋，约占65%；回避型依恋，约占20%；抗拒型依恋，约占10%～15%；混乱/紊乱型依恋，约占5%～10%。具体见下表。

依恋种类	比例	孩子的表现
安全型依恋	65%	会主动探索周边的环境，但会时不时地寻找与妈妈的联结；感到不安全时，会主动寻求安慰。这表明，妈妈对孩子发出的信号要非常敏感并要及时回应。
回避型依恋	20%	对妈妈是否在场无所谓，妈妈离开时不会表示反抗，而是直接忽略、不予理会、自己玩自己的、很少表现出不安；妈妈回来后也不会表现得很高兴。也即，孩子看上去一直很平静。实际上，这类孩子并没有与妈妈形成安全的依恋关系。
抗拒型依恋	10%～15%	对妈妈的离开感到非常痛苦、极其抗拒，每次分离都会引起极强烈的情绪反应。当妈妈回来后，孩子对妈妈的态度很矛盾，既想让妈妈抱，又有些反抗。妈妈要是主动抱他，他会生气地拒绝和推开，可是他也不能安心地去做其他的事情，总是在看妈妈。
混乱/紊乱型依恋	5%～10%	没有安全感。妈妈回来时，他无所适从。妈妈拥抱他，他甚至会有些忧伤，会躲避妈妈的目光。有些孩子可能会在得到妈妈的安抚后大哭。还有些孩子可能会躲开妈妈，站着一动不动，甚至瘫软在地，好像陷入了一种茫然的、恍惚的状态。

如何应对婴儿的分离焦虑和陌生人焦虑

合理应对婴儿的分离焦虑

妈妈要跟婴儿分开时，一定要有分离仪式。要让婴儿知道，妈妈要

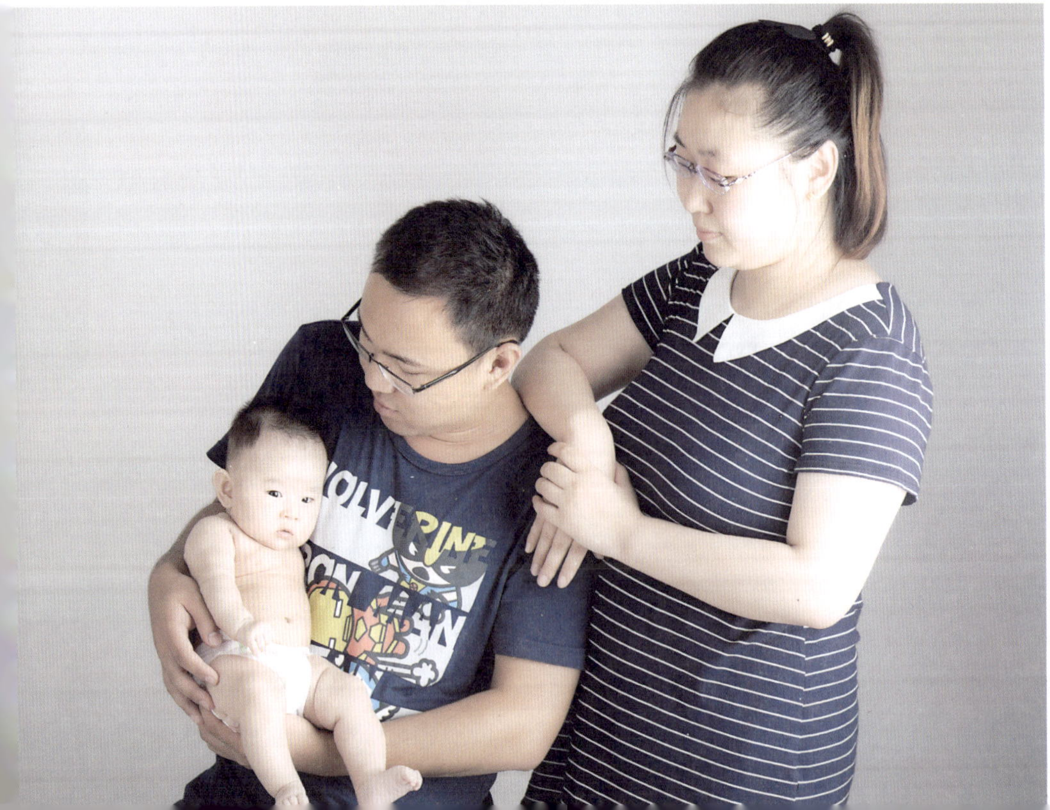

离开他一段时间，但还会再出现。妈妈离开时，最好跟婴儿有一些肢体上的接触，如拥抱、亲吻、短时的陪伴等。妈妈不要趁婴儿不注意的时候悄悄溜走。妈妈要让婴儿知道，妈妈会在什么时间回来，并且一定要说到做到。

合理应对婴儿的陌生人焦虑

不要强迫婴儿主动跟陌生人接触或交流，要多陪伴婴儿接触陌生的环境。当遇到陌生人时，可以刻意地远离，不要营造让婴儿焦虑、害怕的气氛。

重要提示

6～8个月婴儿的情绪开始与记忆相关。他可以因为回忆曾经的经历而表现出不同的情绪，例如跟妈妈分离时。他玩着玩着可能会突然想起妈妈，就会难过、悲伤起来，但看到妈妈给自己买的玩具时，又会高兴起来。

这个时候，有些婴儿出现了对爸爸的依恋，这对于缓解妈妈的产后抑郁是非常重要的。孩子与母亲的依恋主要表现在身体接触和语言交流方面，而与父亲的依恋主要表现在玩游戏方面。

6～8个月婴儿可以分辨成人友善与不友善的语气。他不但可以通过面部表情来识别情绪，而且可以通过语调的变化来识别情绪。

在不安全型依恋关系中，父母应该如何应对

在回避型依恋中，父母通常对婴儿不敏感，表现得比较消极，很少满足婴儿的需要，很少从与孩子的亲密接触中获得乐趣。还有一种情况是，父母对婴儿过于热情，过度刺激，经常对婴儿喋喋不休，强行给婴儿制造某种需要，比如非说他冷了、饿了等，也会让婴儿感觉很无奈。

在抗拒型依恋中，父母的教养方式通常不一致。他们对婴儿的需要忽冷忽热。情绪好的时候，他们可以满足婴儿所有的需要。他们情绪不好的时候，婴儿的任何需要都会被否定。由此，婴儿对父母的态度无所适从，久而失望。为了获得关注，他们要么会黏父母，要么常哭闹。如果一切努力都无效的话，他们就会十分愤怒。

在混乱 / 紊乱型依恋中，父母常常忽视婴儿的任何需要。拥有这种依恋关系的婴儿，通常极其抑郁，因为父母常常表现出极不稳定的恐惧、痛苦等情绪。

大量研究表明，具有安全型依恋关系的儿童与具有不安全型依恋关

系的同龄人相比，通常更自信、更积极，有更好的社交能力和专注力。而具有不安全型依恋关系的儿童1岁后就会有诸多社会性和情绪上的退缩性表现，如依赖性强、不愿参加多人游戏、缺乏好奇心、学习兴趣不强、不会为了一个目标而努力等。

回避型儿童甚至常常引发他人的愤怒，也更容易欺负他人，而矛盾型儿童更容易被人欺负。所以，家长要主动调整教养方式，让孩子从小拥有安全型亲子依恋。

附：6～8个月婴儿能力促进亲子游戏

爬行取物：我爱爬爬

游戏目标： 鼓励孩子爬行，让孩子练习向目标努力爬行

游戏过程：

在保证四周安全的情况下，看护人手拿玩具引逗孩子，让孩子朝自己爬过来。可以边说儿歌边引逗孩子。

可配合儿歌：

我的本领真真大，
我要学着爬一爬。
爬一爬，爬一爬，
拿到玩具笑哈哈。

温馨提示：

1. 孩子爬得不太好时，可以把玩具放在孩子前面不远处，并站在孩子背后，鼓励他去拿玩具。如果孩子向后退，看护人可以用手掌托住孩

子的小脚，给他一个向前的力，帮助孩子向前爬行。

2. 在这个阶段，由于动作发展快，孩子喜欢到处爬。看护人要顺应孩子发展的需要，给孩子提供地垫等，鼓励孩子多爬。孩子容易疲劳，一次性练习时间不宜太长。爬行练习每天可进行 3 ～ 4 次。

抵足向前：加油向前爬

游戏目标： 促进脑神经系统发育和体能发展，为爬行做准备；激发爬行的兴趣

游戏过程：

1. 让孩子俯卧在床上，帮孩子用双手撑住身体，之后用手掌顶住孩子的脚底板，对孩子说："宝宝蹬蹬腿，试着往前爬！"通常，孩子这时会自动地蹬住看护人的手向前爬。

2. 如果孩子还不会用手使劲儿，整个身子也不能抬高以离开床面，看护人可以从旁边扶住他的身体，甚至可以施加一点点力量，帮助孩子前进。

可配合儿歌：

宝宝爬，宝宝爬，
俯卧床上准备爬。
宝宝爬，宝宝爬，
双手撑住向前爬。
宝宝爬，宝宝爬，
两脚用力蹬着爬。

宝宝爬，宝宝爬，
宝宝加油向前爬。

温馨提示：

爬行是视觉、本体觉统一运动发展的结果。同时，爬行也是坐与走两大动作发育进程中一个不可或缺的中间环节。如忽视爬行训练，直接从坐发展到走，可能会影响孩子脑的发育和智力的发展。所以，看护人要多与孩子做爬行游戏，千万不要忽视爬行，否则不仅会影响孩子身体平衡与协调性的发展，而且还会影响智力发展。

辅助爬行：手脚使劲儿爬

游戏目标：促进头部及视觉的稳定，促进手、脚协调用力，学习爬行

游戏过程：

1. 当孩子习惯用双手撑住身体俯卧的时候，看护人可以鼓励他用手和脚协调用力，向前爬行。

可配合儿歌：

宝宝宝宝练习爬，
趴着抬头向前爬，
使劲儿蹬着妈妈的手，
爬呀爬呀用力爬，
手向前，脚蹬地，
手脚用力向前爬。

2. 当孩子能较灵活地翻身和俯卧时，看护人可以适时在他前面放一个新奇的玩具，引逗他努力向前伸手去拿、去够。这时，看护人可以抓住时机帮助他练习爬行，如把手放在他的脚下，给他一点儿帮助。

温馨提示：

当孩子的头颈部可以竖直，并且可保持稳定的时候，要在动作能力训练时关注孩子的头部和视觉的稳定。看护人可以在地板上铺软垫，为孩子营造安全的爬行环境。在半被动爬行练习中，看护人不要从旁边帮助，只需要适时扶住他的身体，给他一种安全感就可以了。

手眼协调：我要吃饼干

游戏目标：促进手眼协调及精细动作发展

游戏过程：

让孩子坐好，给他看看眼前小碗里的饼干，鼓励他自己拿饼干吃。看护人在一旁，边观察孩子边说儿歌。

可配合儿歌：

饼干饼干长长，
放进嘴里尝尝。
我用小手拿拿，
吧唧吧唧真香。

温馨提示：

1. 孩子在长牙期间，需要用食物磨牙。只要是孩子能够自己拿起的食物，看护人都可以让孩子自己拿、自己吃。要多给孩子提供动手的机会。

2. 平时要引导孩子做拿、握、摇晃等动作，帮助孩子锻炼手部动作的灵活性。

靠坐练习：靠靠坐坐

游戏目标：引导孩子坐着玩玩具

游戏过程：

用被子或枕头帮助孩子固定身体，让他坐好，把玩具放在他面前。然后，和孩子面对面一起玩玩具。

可配合儿歌：

小宝宝，本领大，
靠一靠，坐一坐。
看看眼前有什么，
妈妈和你说一说。

温馨提示：

1. 开始时，坐着玩游戏的时间不要太长，3 ~ 5 分钟为宜。之后，视情况逐渐增加游戏时间。

2. 玩完游戏后，看护人最好帮助孩子按摩腿部或全身，以缓解身体的疲劳感。

抓握释放：我来扔吧

游戏目标： 促进孩子精细动作的发展

游戏过程：

看护人和孩子坐在一起，把玩具放在孩子面前，引导孩子拿玩具、扔玩具。孩子不会玩时，看护人可以当着孩子的面边玩边说："我把玩具拿起来，我把玩具扔下去。"看护人甚至可以把小玩具放在孩子手里，鼓励他将玩具扔掉。

可配合儿歌：

小手抓抓，我来扔扔。
抓抓扔扔，长长本领。

温馨提示：

1. 孩子需要学习抓握，也需要学习放手。看护人要给孩子提供机会，鼓励孩子大胆放手。

2. 孩子扔的动作熟练后，可以让孩子把玩具精准地放进事先准备好的筐里或盒子里。

稳定靠坐：起身、靠靠

游戏目标： 促进身体平衡能力，学习在斜靠中稳住自己的身体

游戏过程：

1. 看护人等孩子吃饱以后，让他坐好，并将软垫放到他的背后，让他靠稳，然后在他面前逗他玩。

可配合儿歌：

宝宝小床上，
玩具真不少，
躺着玩一玩，
坐起靠一靠。

2. 看护人还可以拿一些大的毛绒玩具，放在孩子身边，然后边说儿歌边让他与毛绒玩具靠在一起。

可配合儿歌：

小狗靠着，宝宝靠着。
小猴靠着，宝宝靠着。
小兔靠着，宝宝靠着。
大家都靠着，宝宝也靠着。

温馨提示：

随着身体意识的发展，孩子对身体姿势的掌控在增强，能够做出不同的姿势，并能慢慢地延长维持特定姿势的时间。当孩子头部越来越稳定，眼神也将越来越稳定，这可帮助孩子提升对动作的控制力。相比能够抬起头，能靠着坐更是一件让孩子开心的事情，因为这时他的视野更加广阔，看到的东西越来越多，生活的乐趣又增加了。

拉坐练习：拉一拉，坐起来

游戏目标： 锻炼头颈部、手部和上肢的力量，促进本体觉发展游戏过程：

1. 孩子仰卧，看护人用双手分别握住孩子的手腕，边说儿歌，边向前、向上拉孩子，直至孩子坐起来。一般情况下，孩子可配合看护人的动作，使上身离开床面。

可配合儿歌：

扶住宝宝两肩膀，
拉一拉，拉一拉，
坐起来，坐起来，
帮助宝宝坐起来。

2. 孩子仰卧，让他抓住看护人的手指，自己借力坐起来。看护人可将两根食指分别放入孩子两手掌心让其握住，然后边说儿歌边拉着他坐起来。这种练习对于孩子上肢力量是很好的锻炼。

可配合儿歌：

宝宝握住大手指，
两臂用力头抬高。
慢慢慢慢坐起来，
眼睛向着四面看。

温馨提示：

本体觉可以让孩子获得有关身体移动与身体位置的信息。和孩子一起练习“拉一拉，坐起来”的过程，是促进本体觉发育、训练运动与平衡的过程，也是让孩子学习听从和执行指令的过程。孩子与看护人相互配合、相互信任的语言和动作，可以让孩子学习借助大人的力量操控自己的身体——坐起来。练习多了，孩子坐起来的动作慢慢地会越来越协调。

独坐练习：不倒翁

游戏目标：学习前倾坐，开阔视野，激发双手活动的愿望，促进本体觉、平衡觉的发展

游戏过程：

1. 让孩子坐在床上或软垫上，伸直双腿，将双手手掌平放身前，然后用玩具吸引孩子坐稳，并对他说："宝宝长本事啦，会自己坐着啦！"要关注孩子坐稳没有，以及是否会主动向前倾。

2. 在第一步基础上，将玩具慢慢向孩子跟前移动，激发孩子上身向前倾——去拿玩具的愿望。

3. 可以帮助孩子稳住身体，之后鼓励孩子用一只手支撑身体，用另一只手努力去拿玩具。

可配合儿歌：

宝宝坐下，哪也不靠，
不摇不倒，像不倒翁。
宝宝前倾，两腿分开，
不摇不倒，像不倒翁。
宝宝伸手，一手支撑，
不摇不倒，像不倒翁。

温馨提示：

孩子能坐起来，是将来让自己的身体与地面垂直站起来的基础。在游戏中，要特别关注孩子“自动调整姿势”的状况。比如：头能否控制好；全身运动是否协调；向前倾的时候，是否会自然地用一只手支撑身体；防止宝宝向前扑倒；等等。

自主爬行：追熊猫

游戏目标：学习主动爬行，促进手膝爬行能力发展

游戏过程：

1. 看护人在孩子情绪状态非常好的情况下，拿掉尿不湿，让他趴好，同时将一个会爬的电动熊猫玩具放在他前面，然后对他说：“宝宝，你看这熊猫多可爱！快爬过去向它问个好吧！”

2. 看护人可边用语言指导边说儿歌，激发孩子向前爬去追熊猫的愿望。

可配合儿歌：

熊猫走路摇啊摇，
找到竹子咬啊咬。
宝宝膝手一起爬，
像只熊猫扭着走。

温馨提示：

1. 爬行是孩子成长过程中的重要环节。在这个训练中，孩子经历了支撑手从左手换到右手、支撑脚从左脚换到右脚的过程。在爬的过程

中，孩子会同时用到左脑和右脑，因而会刺激左右两侧以及上下肢动作的协调。

2. 看护人为调动孩子参与爬行游戏的积极性，可多用一些积极的办法，让孩子觉得爬行是一件非常有趣的事情。若孩子因为体重原因，用手臂撑不住身体而放弃爬行的时候，看护人要鼓励他坚持下去。

手膝爬行：抓兔子

游戏目标：激发主动爬行的意愿，促进手膝交替配合向前爬的能力

游戏过程：

把一个毛绒兔子放在孩子面前。让孩子俯卧，然后轻轻地把手伸到他的胸腹部并向上抬一抬、拍一拍，以让他做好向前爬行的姿势。看护人以同样的姿势，趴在孩子侧面，并对孩子说："我们去抓前面的小兔子吧。"说完便用手膝爬行的方式向前爬，爬两下之后，回过头，鼓励

孩子："快点儿来追我。"

可配合儿歌：

爬呀爬，爬呀爬，
宝宝去把兔子抓，
爬呀爬，爬呀爬，
一只兔子抓到啦！

温馨提示：

爬行极大地促进了孩子触觉、前庭平衡觉、本体觉的发展。当孩子学会了爬，他就会像停不下来一样四处爬。这时，除了爬行姿势的训练，安全是很重要的。在孩子可能触碰到的地方，要做好防护工作，比如家具的尖锐处要套上防护条、防护角。同时，爬行场地地面软硬要适中，不要太滑，以防止孩子受伤。

转弯爬行：四面八方爬呀爬

游戏目标：训练上下肢协调能力及爬行能力

游戏过程：

1. 看护人爬着和孩子做游戏。

2. 当看护人爬到孩子前面时，跟他说："宝宝，宝宝，快向前爬，快快来追我。"

3. 当看护人爬到孩子右面时，跟他说："宝宝，宝宝，快横着爬，快快来找我。"

4. 当看护人爬到孩子后面时，跟他说："宝宝，宝宝，退两步，快快退着爬来找我。”

5. 看护人在做这些动作的过程中，要逗引孩子模仿看护人做相应的向前爬、横着爬、退着爬的动作。

可配合儿歌：

小乌龟，向前爬，
小螃蟹，横着爬，
小宝宝，退着爬，
像个蜗牛退回家。

温馨提示：

上下肢的协调配合，两腿与双臂的相互配合，是孩子练习爬行的难点。看护人的参与，使得练习增加了趣味性。榜样的动作，历来是孩子乐意学习、模仿的。看护人在游戏中不仅教会了孩子爬行的方法，同时让孩子切身感受到了看护人与孩子之间的空间方位差异。看护人掌握的练习方法应该尽可能多一些。

花样爬行：毛毛虫

游戏目标：学习花样爬行，加强大脑对四肢的指挥能力

游戏过程：

1. 为孩子戴上护膝和护腕，并将他放到地毯或者地板上，然后用毛绒玩具毛毛虫逗引他爬着转圈。在训练过程中，看护人要多关注孩子手和脚的相互配合。

2. 看护人也可以边说儿歌边做转圈爬的动作，给孩子做示范。

可配合儿歌：

毛毛虫，扭一扭，
毛毛虫，动一动，
扭一扭，转一圈，
动一动，转一圈。

温馨提示：

本训练拓展了孩子与外界的互动，提升了孩子对身体各部位的调节能力。爬行可刺激大脑的一些区域，对将来的阅读、书写等能力的发展非常必要。花样爬行训练会加强大脑对四肢的指挥能力。同时，看护人的语言指导对孩子的反应能力也可起强化作用。

认知发展：看一看，指一指

游戏目标：促进孩子认知能力的发展

游戏过程：

在孩子情绪愉悦的时候，看护人和孩子并排坐在一起。看护人拿着书，给孩子讲书上的内容，然后把着孩子的手指认或触摸书本。看护人要特别注意观察孩子的反应。孩子喜欢的话可以重复玩这个游戏。

温馨提示：

1. 每天早、中、晚定时给孩子讲婴儿画报或他喜欢看的图书，每次5分钟左右，可大大促进孩子认知能力的发展。

2. 孩子也许还不能说，但是他看得见、听得到、摸得着，更能够感受到。这是一个吸收、储备言语和认知综合发展的过程，家长要引起重视。

语言交流：说一说，乐一乐

游戏目标：鼓励孩子说话

游戏过程：

1. 看护人和孩子面对面用眼神交流。看护人也可以边说儿歌边亲切地、有节奏地轻拍孩子的小手。

2. 看护人和孩子一起玩有声响的能动的玩具，玩的过程中务必伴随语言说明，如："你用一只手够到了能出声的响球。""这是一个红色的圆圆的球。""你真棒，能用两只手抱着它。"等等。

温馨提示：

在孩子情绪愉悦的情况下，看护人要尽量多地和孩子用语言交流。

听音辨位：妈妈在哪里

游戏目标：促进孩子听音、辨音能力的进一步发展

游戏过程：

爸爸抱着孩子，妈妈躲在孩子身后叫孩子的名字。当孩子转过头来找妈妈时，妈妈跑到另一边叫孩子的名字，逗引孩子继续找妈妈。

可配合儿歌：

宝宝和妈妈做游戏，
妈妈，妈妈，在哪里？
宝宝，宝宝，来找找！

温馨提示：

1. 看护人和孩子玩耍时最好边说儿歌边做游戏。

2. 父母只要有时间就要尽量多地和孩子一起游戏。父母一起出现的次数越多，孩子感受到爱的机会就越多。

空间感知：宝宝来找我

游戏目标：促进孩子情绪发展，增强亲子关系

游戏过程：

把孩子放在有围栏的床上。在孩子情绪愉悦时，看护人藏在孩子附近但他看不见的地方。看护人先不要发出任何声音，只观察孩子的反应。如果孩子已经意识到看护人不见了，看护人轻声呼叫孩子的名字，逗引孩子寻找。当孩子找到看护人时，要及时夸奖孩子。孩子心情好时，可以玩3～5遍。

温馨提示：

日常生活中，和孩子交流多叫其名字，少用“宝贝”“宝宝”等词。

第七部分

9～10个月婴儿的早期教育

9～10个月婴儿动作发育的特点

9个多月的婴儿能从卧位坐起来，且能稳定独坐；动作逐渐协调，如能坐着吃、能转身爬等。

10个月以后，婴儿在大人的扶持下会走，会从抽屉或箱中取出玩具，会用拇指和食指捏取小东西，抓着床栏或他人的手能从仰卧位坐起甚至站立（但是不能站太久），能爬楼梯，开始尝试独自站立。

如何促进 9～10 个月婴儿的运动能力

可给婴儿提供带栏杆的小床、活动圈，或是在沙发前、床前空出一个地方，让婴儿扶着或靠着练习站立。

开始学站时，婴儿常摇摆不定，站不稳。家长可以在其两侧用手给些力量扶着他站好，哪怕只是一两秒钟。家长一定要保护好婴儿，并要帮助其树立信心。

坐下也需要练习。在婴儿处于扶站姿势时，家长可以有意识地把一些玩具放在婴儿脚下，鼓励他去拿。刚开始婴儿可能一下子坐不下去，甚至会摔倒，家长要保护好婴儿。

随着婴儿慢慢长大，他能够自己自由地玩一会儿。成人可以给婴儿准备一个安全的活动场地，最好在地上铺上垫子或地毯，让婴儿在上面玩。

语言能力更强，即将迎来语言爆发期

婴儿咿呀学语的发音这时进入一个更为复杂的时期，他们能够发出一连串不同的辅音加元音组成的音节。并且，他们能发的音在不断增多，语调也开始明显多样化。他们这时还能模仿一些非语言的声音或成人发出的语音。这都标志着婴儿很快就能说话了。

大约从10个月开始，婴儿会说出第一个有意义的单词，这是婴儿语言发展过程中最为重要的里程碑。婴儿最初掌握的词语，都与某一特定的对象有联系，与他每日所感知、接收的语言更有着必然的联系，具有专指的性质，如“狗狗”就是指自己的玩具狗。

婴儿大约从9个月开始才真正能理解成人的语言，如问他：“妈妈在哪里？”婴儿能把目光或头转向妈妈甚至用手指向妈妈。到9个月之后，他的理解力及反应能力迅速发展。10个月之后一直到1岁半，婴儿的前语言交际具有了语言交际功能。虽然他还不会用说话的方式清楚地表达自己的意见，但已能够通过一定的语音、动作、表情的组合与成人沟通。例如，他能理解成人简单的命令，并可用动作做出反应。这是婴儿真正理解语言的一种表现。比如成人说："跟姐姐再见！"他就会挥挥小手。

重要提示

9个月，婴儿咿呀学语的兴趣达到高峰，不仅能重复不同音节的发音，还能用不同音调发同一音节的音。这个阶段的孩子会不停地咿咿呀呀，能从这种咿咿呀呀中获得极大的乐趣。虽然婴儿这时说的不是真正的语言，但是大量的发音练习会使他的发音器官得到锻炼。

激励孩子，让孩子勇于用语言表达

成人应引导婴儿不断发出新语音。成人可以经常和婴儿一起模仿一些小动物的叫声。成人的表现可以夸张一些。成人先示范，然后鼓励婴儿模仿。如："小狗叫，汪汪汪。""小羊叫，咩咩咩。""小牛叫，哞哞哞。""小猫叫，喵喵喵。""小鸭叫，嘎嘎嘎。""青蛙叫，呱呱呱。"等等。

对婴儿发出的新语音要及时给予鼓励，如可以拍手叫好、亲亲他、摸摸他的头等，这种热情的鼓励将使婴儿得到极大鼓舞。婴儿尝试发新语音时，开始时发音也许并不准确，成人可以用多种形式示范正确的发音，让婴儿及时调整，反复练习正确的发音。

认知水平大大提升，有目的的行为开始了

视觉辨别

9～10个月的婴儿视觉辨别能力明显增强，比如他们能从众多面孔中分辨出熟悉的面孔。

注意

这时，婴儿的注意力已经不完全集中在视觉方面，而是开始基于更多的感觉通路多面发展，如听觉、嗅觉、味觉、触觉等。比如，他可以抓着一个小球玩很久。

记忆

9 ~ 10 个月婴儿的记忆力大大提升，他们可能模仿 24 小时前看到的某个动作。比如，前一天看到小朋友按压玩具小熊的鼻子，小熊能发出“呵呵”的笑声，第二天自己拿到小熊时，孩子也会按压小熊的鼻子，想看看小熊能否像昨天那样发出声音。

有目的的行为

9～10个月的婴儿开始发展思维能力，出现了有目的的行为，如可以用手指出要去的方向、会用手遮脸以拒绝洗脸、会挥手表示再见等。他们还能领悟一些简单的手势或动作语言，并对别人的相关语言有反应。比如，孩子爬到床边时，家长大叫一声，并向他摆摆手，他就能停下来不再向前爬；孩子看到家长拿出他的餐椅，就知道要开饭了，脸上会露出愉悦的表情；吃饭的时候，家长喂饭，孩子会张嘴等待；等等。

自娱自乐

9～10个月的婴儿能找出藏在手帕下的玩具，会主动拿着手帕玩躲猫猫游戏。

重要提示

随着感知能力的发展，婴儿对周围环境及物品越来越感兴趣，尤其是日用品。9～10个月的婴儿喜欢把玩生活用品。比如，会模仿大人打电话，喜欢到厨房拿起铲子、勺子敲敲打打，等等。此外，在看卡片、小册子、图书时，他们喜欢看熟悉的物品的图片，如印有奶瓶的婴儿用品宣传册、印有苹果的卡片等。

通过互动游戏，促进婴儿认知能力的发展

9 ~ 10 个月的婴儿与人交往的意愿在增强，家长可以通过互动游戏，促进婴儿认知能力的发展。下面介绍一些互动游戏。

握手游戏

可教婴儿与人握手。先让婴儿伸手，然后引导他同别人握手。如果婴儿懂得在妈妈说“手”时伸手，表明他已经认识手这个身体部位了。

升级版捉迷藏游戏

比如，早上醒来后躲在被子里让婴儿找你，或者你找他。另外，可

以在洗澡时拿条大毛巾盖住婴儿，然后问："宝宝在哪里？"

"去哪儿了"游戏

让婴儿坐在地上，拿出一个他喜欢的玩具让他玩一会儿，然后当着他的面用衣服盖住玩具，让他找玩具。这个游戏会让婴儿知道看不见的物体并不是消失了，能够促进婴儿"客体永久性"概念的进一步发展。

假装游戏

让婴儿坐在桌边，在他面前放一个小托盘，并在小托盘里放一个小杯子。

看护人首先举起杯子假装喝里边的东西，同时说一些像"啊呜……啊呜……""好喝……好喝……"之类的话。然后，把杯子举到婴儿嘴边。当婴儿假装喝的时候，看护人说同样的话。

最后，把杯子放在小托盘上，看看婴儿是否会将杯子举到自己嘴边。

情绪相关能力越来越强

情绪理解

9 ~ 10 个月的婴儿，对情绪的理解能力持续增强，甚至可以把多种情绪线索匹配起来。例如，听见悲伤的声音，可能会表现出难过的表情。

情绪表达与情绪调节

这个月龄的婴儿，分离焦虑和陌生人焦虑都达到了高峰。他们会很黏妈妈，这是正常的。9 个月的婴儿通常会爬了，面对害怕、厌恶、痛苦的刺激时，可以通过爬来逃避。这都说明婴儿拥有了最基本的调节情绪的本领。

社会参照

这个阶段的婴儿开始出现社会性参照能力，处于陌生的环境时，会从成人的面孔上搜寻表情信息，然后采取相应的行动。

这种能力可以帮助婴儿缓解陌生人焦虑，对婴儿的认知发展也可起到极大的促进作用。

重要提示

这个阶段的婴儿，对情绪的表达更灵活，表达方式更丰富。他们会通过动作、语言、语调、表情、身体的变化来表达自己的感受和情绪，而且会用动作、表情来回应抚养者。例如，妈妈伸开双臂要拥抱婴儿时，他们会高兴地迎合妈妈的动作。

这个阶段的婴儿对与他人互动、说话很感兴趣，喜欢家长陪伴在身边，喜欢家长跟自己做游戏。如果家长拿出书给婴儿读故事，他们可以安静地听很久。当然，他们虽然对书很感兴趣，但他们对书的破坏力远大于他们听故事的兴趣。

除此之外，他们对家里一切不让碰的东西都十分感兴趣，比如锅碗瓢盆、垃圾桶、电池、插座等。但凡可以爬到的地方，他们都想一探究竟。

这个阶段的婴儿发展出了最初的社交意识，会主动跟同龄小朋友“聊天”。

多一些陪伴，少一些分离

9～10个月的婴儿，可以理解家人80%的语言信息，也可以掌握家人的很多情绪信息。

家长要努力和婴儿建立安全的依恋关系；对婴儿的自由探索，要给予支持和帮助；不要总是限制他的努力付出，否则他会产生挫败感和羞愧感。

父母是婴儿最重要的社会参照坐标，婴儿会通过观察和模仿父母的言行发展各种能力，所以父母要保持积极乐观的情绪，敏感地关注婴儿的情绪反应和需要，而不是只顾自己，想说什么就说什么。

对于婴儿日益增强的分离焦虑，父母应该感到高兴，这是建立安全亲密依恋的契机。父母终究要和孩子分离，该分就分，但陪伴的时候一定要提高陪伴质量。

附：9～10个月婴儿能力促进亲子游戏

独站练习：我能站站

游戏目标： 训练孩子站立的能力

游戏过程：

看护人把孩子轻轻放在垫子上，面对面扶着孩子站好后，边说儿歌边松手，根据孩子的站立情况给予帮扶。

可配合儿歌：

宝宝，宝宝，真能干，
垫子上，站一站。
站一站，站一站，
我的宝宝看得远。

温馨提示：

1. 看护人让孩子站立时可以用有声响的玩具吸引孩子注意。

2. 孩子还小，每次游戏站立的次数以 3 ～ 5 次为宜，每次站立的时间以2～3秒为宜。之后，看护人要搂抱孩子给予鼓励，也可以做全身抚触，帮助孩子缓解疲劳。

手指捏取：我来喂你

游戏目标：给孩子提供动手拿、抓、握的机会，锻炼其小手动作的灵活性

游戏过程：

把孩子喜欢的玩具小猪（也可以用其他动物玩具代替）放在装有豆豆的盒子边上，之后引导孩子看看盒子里的豆豆，并对他说："小猪想吃豆豆，我们一起帮帮它好吗？"接着，看护人用食指和拇指捏住一颗豆豆"喂"给小猪，然后鼓励孩子也来"喂"小猪。

可配合儿歌：

食指和拇指，
见面握握手。
捏起小豆豆，
放进小猪嘴里头。

温馨提示：

1. 看护人要注意观察孩子捏取豆豆的动作，可边玩边引导孩子说："我捏了一颗豆豆。我喂小猪吃豆豆。"

2. 孩子还小，捏取动作容易使小手疲劳。每次和孩子玩5～10分钟就可以，不要忘记鼓励孩子用左右手轮流捏取。

平衡协调：泥娃娃

游戏目标：促进四肢与躯干之间的协调和控制能力，为站立做准备

游戏过程：

1. 看护人把双手放在孩子腋下扶住孩子，并将呈站立姿势的孩子放在较平坦的地方，然后突然抽离双手并拍一下手，再迅速把手放在孩子腋下扶住孩子。可以反复进行，并且逐渐延长孩子直立的时间。

可配合儿歌：

宝宝宝宝，站——站，
不摇不晃，练——练。

2. 看护人也可以坐在地板或地垫上，用双手扶孩子站好。说完儿歌

后，看护人将双手抽离让孩子独站一两秒钟，然后再快速扶住孩子。

3. 看护人还可以配合下面的儿歌，帮助孩子做相应的动作。

小宝宝，站好啦，
手不动，哇哇哇，
脚不动，哇哇哇，
好像一个泥娃娃。

温馨提示：

1. 孩子进行直立练习是在为站立做准备。孩子在直立练习中将得到很多新的尝试。孩子站立需要全身骨骼的支撑，需要四肢与躯干的平衡，更需要力量和勇气。直立训练主要是身体平衡与协调性的训练。

2. 训练时，让孩子穿上硬底鞋，做好保护工作，更要让孩子兴高采烈地练习。

3. 有的孩子对直立怀有恐惧心理，这时身体训练与心理保育要同步进行。

4. 同时，看护人要注意让孩子及时休息，防止长时间的直立导致骨骼变形。

站坐转换：站一站，坐下去

游戏目标：学习站立，感受自主动作引起的视觉角度的变化

游戏过程：

1. 看护人将两只手的食指递给孩子，让孩子握紧，同时告诉孩子："宝宝，使劲儿抓住我的手，站起来！"然后施加力量，慢慢拉他站起

来。等孩子借着看护人双手能站稳了，再让他慢慢坐回去。

2. 也可以伴随儿歌让孩子感受抓着看护人的手站起来、坐下去的乐趣。

3. 孩子站起来时，看护人拉着孩子的手，让孩子稳稳地站一站。

可配合儿歌：

站一站，练一练，
练一练，学着站。

4. 练坐时，让孩子攥紧看护人的手，慢慢弯腿坐下去。

可配合儿歌：

坐下去，来休息，
站起坐下练身体。

温馨提示：

让孩子感受自主动作引起的视觉角度的变化，这种训练很重要！训练中，孩子感受到了四肢与躯干的协调配合、一致行动，可为将来的自主站立做准备。看护人在练习中要关注孩子是否全力攥住了看护人的食指。孩子身后最好放一个厚厚的垫子，以防孩子后仰摔倒受伤。

扶物站起：宝宝站站站

游戏目标：依靠稳定、安全的支撑点进行肢体运动训练，让孩子练习运用腰、腿部肌肉力量站稳游戏过程：

1. 借力站起来。看护人和孩子面对面坐在游戏毯上，然后把双手递给孩子，让孩子自己选择是抓住看护人的手指、手掌，还是手腕，以借力站起来。看护人要随时帮助孩子调整膝盖的伸与曲，帮助孩子做控制脚底、脚跟的重心和力量的动作，以最终站起来。

可配合儿歌：

一双大手暖暖的，
一双小手放上边，
小手大手握一起，
宝宝放心学站立。

2. 扶着椅子站起来。看护人坐在椅子边上，指着椅子对孩子说："宝宝，你能够用手扶住椅子自己站起来吗？"开始时，看护人可以帮助孩子用双手抓住椅子，并鼓励孩子反复练习。然后，看护人可以对孩子说："站起来，站起来，抓住小椅子，自己站起来。"同时帮助孩子用手牢牢抓住椅子，并帮助孩子伸屈膝盖，让他慢慢站起来。

3. 爬一爬，站一站。看护人对孩子说："在屋里爬吧！可以爬到桌子边，扶着桌子站起来！也可以爬到沙发那里，扶着沙发站起来。"然后，让孩子满屋爬。他想站起来时，让他用手牢牢抓住家具，依靠自己脚跟和腰部的肌肉力量，慢慢将身体重心移到脚底，然后伸屈膝盖，慢慢站起来。

可配合儿歌：

宝宝爬呀爬，
满屋转一转；

爬到沙发前，
站起练一练；
爬到桌子前，
站起练一练；
爬到柜子前，
站起练一练。

温馨提示：

让孩子借用腰、腿部肌肉力量站稳的训练可以有许多支撑点，但是支撑点一定要稳固，以利于孩子伸手去抓且能抓稳。在站立的一瞬间，孩子的两手要紧紧抓住支撑点，要用两臂使劲儿，要有带动身体的力量。与此同时，孩子的两腿要稍稍分开，下肢要有稳定、平衡的技巧。总之，孩子能站起来是通过多个器官的协同活动实现的。另外，训练前要用防护角和防护条将家具的边边角角包上，防止孩子训练中发生意外。

练习独站：母鸭带小鸭

游戏目标：帮助孩子学习站立，促进肢体协调

游戏过程：

1. 看护人对孩子说："我是鸭妈妈，你是鸭妈妈的宝宝——小鸭子。我们来做游戏。"然后，"鸭妈妈"带着"小鸭子"在屋子里来回爬，爬一会儿后，直起身来，摆弄摆弄双臂，就像鸭子在游泳。

2. 准备一根 50 厘米长的木棍，在棍的一端贴上一面小旗，并在小旗上面画一只小鸭子。看护人两只手分别抓住木棍的两端，让孩子双手

抓住棍子的中间部位，并鼓励他抓住木棍站起来。然后，让孩子将木棍立起来，把旗子举起来。这时，看护人一边悄悄地将木棍松开，一边轻轻地扶住孩子，给他一点儿支撑，以让孩子练习单独站立。

可配合儿歌：

抓住小旗杆，
宝宝站起来。
竖起小旗杆，
小旗飘起来。
母鸭带小鸭，
宝宝学会站。

温馨提示：

孩子身体协调性越来越好的一个特征就是越来越能够掌握身体平衡而站稳。但是孩子身体平衡的发展水平是不一样的，比如：有的会反应过度，产生害怕的感觉；有的完全不会注意到自己身体的倾斜；有的会不停地摇摆，总是站不住；等等。所以，让孩子进行平衡站立训练，要考虑他的年龄特点和发展水平，循序渐进慢慢来，不可急于求成。

平衡控制：滚筒游戏

游戏目标：强化本体觉、深度觉，促进平衡能力的发展

游戏过程：

1. 扶着滚筒站立。看护人将一个小滚筒直立起来，把孩子放到滚筒旁边，让他扶着滚筒站一站、摸一摸、玩一玩。

2. 站着滚滚筒。看护人将滚筒平放，控制好滚筒滚的方向和速度，鼓励孩子轻轻地推滚筒。

3. 站在滚筒上。看护人将滚筒直立，然后将孩子放到滚筒上面，扶住孩子的同时一定要让孩子两腿分开，以让他尽可能凭自己的力量在滚筒上站稳。站立时间以孩子的感觉为主，几秒钟到十几秒钟都可以。

温馨提示：

利用感统器材让孩子练习站立，可使站立的难度增大，可让孩子的本体觉和深度觉得到强化。同时，孩子全身所有部位被动员起来，参与了平衡的训练。看护人要不断用语言鼓励孩子：“宝宝真勇敢，站得这么高！宝宝胆子真大！”更重要的是，看护人始终要以高昂、快乐的情绪带动孩子，为他的训练加油、鼓劲儿。

执行指令：顶脑门儿

游戏目标：教孩子按照看护人的指令做动作

游戏过程：

看护人抱着孩子对他说："宝宝，和我顶脑门儿。"然后把头夸张地伸过去，轻轻地碰碰孩子的脑门儿。游戏可以反复进行。如果孩子喜欢，可以让他和家里熟悉的人都玩一玩。

可配合儿歌：

我有大脑门儿，
你有小脑门儿，
脑门儿碰脑门儿，
顶个门儿……

温馨提示：

1. 孩子刚学会的动作和行为，需要在游戏中反复练习。看护人要耐心引导，多鼓励。

2. 看护人要坚持每天抽出一定时间与孩子做游戏，尤其要多和孩子进行语言交流。

第八部分

11～12个月婴儿的早期教育

11 ～ 12 个月婴儿动作发育的特点

约在 11 个月时，婴儿能扶着东西或大人的手蹲下；会扶着物体独立走几步；能用不同的方式玩弄各种物体，试着弄响会发声的东西，如会敲打物体、能把手指插进小孔里等；由于指尖的灵巧程度提高，会用拇指和食指对捏东西，会玩一些简单的手指游戏；会打开折叠的东西，例如会把书打开、合上；会用手掌握笔涂涂点点；等等。

帮助婴儿练习独立行走的能力

独立行走是婴儿身体发育过程中的一个重要里程碑。从 11 个月到 1 岁半期间能首次独立行走，都是正常的。

为了促使婴儿练习独立行走，家长要给婴儿提供一个安全的活动空间。开始时，可以让婴儿练习扶着东西行走。家长可在离婴儿不远的地方呼唤婴儿的名字，或用好玩的玩具逗引婴儿，鼓励他扶着东西向前行走；也可以让婴儿推着椅子或小车练习行走；还可以在婴儿身上系一条宽带子，由此保护婴儿进行行走练习。

为了增加婴儿行走的兴趣，家长可以找一根小棍，让婴儿抓住一头，自己抓着另一头牵着婴儿慢慢地走。当然，婴儿这边最好有一个家长看护。

独立行走的练习最好在婴儿能够独自站立、蹲下、站起并能保持身体平衡时开始练习，而不要急于求成。家长可以在草坪上、铺有地垫的地板上或硬床上帮助婴儿练习行走。

在婴儿练习行走期间，如果经常使用学步车，可能对婴儿全身肌肉协调平衡能力的发展不利，也容易导致感觉统合失调，建议少用。

这期间，要加强肌肤的接触刺激。家长可以用手挠婴儿的头、颈、胳肢窝、脚底等皮肤触觉敏感处，力度最好是一阵轻、一阵重。如果婴儿害怕或抗拒，可先轻轻地抚摩其全身肌肤，等他习惯以后再进行其他力度大一点儿的触觉刺激。

这期间，要多提供积木、带盖的瓶子、涂鸦笔和纸等，引导婴儿大胆探索，动手做游戏。

全方位促进婴儿语言能力的发展

虽然还不太会说话，但这个月龄的婴儿对很多语句有了初步的理解，开始以被动的方式参与语言交际活动，会用眼神和动作表达自己的意愿。这个时候婴儿会做选择，会用点头、摇头表示要或不要。

11 ~ 12 个月的婴儿能够在语音、语义和具体事物之间建立联系。如，家长说“喝水”，婴儿会看向水杯；家长问：“小狗呢？”婴儿会用眼睛四处搜寻家中的小狗；等等。这个月龄的婴儿之所以能够听懂家长的简单指令，是因为他能够理解常用词。

虽然这一阶段的婴儿已经可以在语音、语义和具体事物之间建立联系，但是他对特定词义的理解和成人是不同的。比如，问他：“书在哪里？”他只会看向自己的绘本，还不能真正理解“书”的含义。

到 1 岁时，婴儿能够做出理解反应的祈使句和疑问句在 10 个左右。如果把婴儿能理解的最小话语单位称为“语元”，如“走”“看”等，那么婴儿在这一阶段已经可以理解 200 多个不同的“语元”。从成人角度看，语元可能是词，也可能是句子。婴儿能对这么多语元做出听觉分辨，说明婴儿听觉分析器已经相当敏锐。

绘本阅读可以深入开展了

这个时期要帮助婴儿在具体事物与语音、语义之间建立联系，可以采用绘本阅读或游戏的方式进行。

应给婴儿提供阅读的空间和时间。家长要允许婴儿自己独立看书，尽管婴儿有可能一会儿把书拿颠倒了，一会儿从后向前翻书，一会儿连翻好几页……

家长在给婴儿读书时，可以将书中的文字与现实生活中的事物联系起来。比如，给孩子读书或者讲绘本的时候，看到了“小猫”，而家中正好有小猫，就可以指着书中的猫，对照着家中的猫，说：“看，猫。”

像这样把语言词汇与现实场景结合在一起讲给婴儿，会帮助他在具体事物与语音、语义之间建立联系。

通过语言游戏帮婴儿在事物与语音、语义间建立联系

可多做听声音找图片的游戏。在婴儿认识一些图片后，把这些图片放在他面前。家长在一旁念出图片上的物体的名称，并让婴儿把相应的图片找出来。当婴儿找出正确的图片后，家长要及时给予鼓励。

认知能力全面提升

视敏度

11 ~ 12 个月的婴儿，视敏度基本达到成人水平，喜欢看图画，能将圆形积木放入积木板凹槽内。

味觉和嗅觉

这个月龄的婴儿能够分辨甜、苦、咸的味道以及香、臭等气味。此外，他还能指认耳朵、眼睛、鼻子等五官，以及经常接触的物品。

注意力和记忆力

婴儿对新奇事物的注意时间较长，对任何可以抓取、吮吸、操作以及可以自己运动的东西更有兴趣。12 个月大的婴儿在间隔 7 秒后，仍然可以找到刚刚被藏起来的玩具。

表意性行为

这个月龄的婴儿学会通过表意性行为解决问题。表意性行为指有一定目的的表达意愿的行为。11 ~ 12 个月大的婴儿会用手指向想要的东西或想去的地方，这种行为实质上是求助行为。同时，他还学会了使用工具解决问题。比如，他想够到远处的玩具，又不想爬过去，就会使用手上一个长一点儿的物体把远处的玩具够过来。表意性行为和使用工具都标志着婴儿的认知发展又上了一个新台阶。

重要提示

接近 1 岁的婴儿喜欢将东西丢到地上，观察它到哪儿去了，并且会反复如此。很多家长常常为此感到很头疼，因为要不停地捡起被婴儿扔出去的东西。根据心理学家皮亚杰的观点，这是孩子发展因果逻辑的行为表现。他通过将东西扔出去可逐渐学会对物体运动轨迹的推理。所以，遇到这样的情况，家长反而应该为孩子提供各种可以扔出去的玩具。

用游戏促进感知觉、手眼协调、思维能力的发展

对于这个月龄的婴儿，依然需要重视感知觉能力和手眼协调能力的培养，同时应重视思维能力的培养。

搭建游戏

可通过搭建活动开发婴儿的精细运动能力、分辨大小和形状的能力。可以和婴儿一起用鞋盒、塑料桶、奶粉罐等搭建一座“高塔”。体积较大的物体比较容易搭建。

如果婴儿能成功搭上去一两件物品，要及时给他鼓励和赞美。如果婴儿暂时还不会搭也没关系，家长可以先做示范，然后逗引孩子去搭建。

躲猫猫游戏

比如，爸爸妈妈躲在窗帘或家具的后面，喊完“一、二、三”的时候，突然出现在婴儿面前。1 岁左右的婴儿会乐此不疲地玩此类游戏。

寻找游戏

准备三个一模一样的杯子，还有一颗糖果。用一个杯子罩住糖果，然后移动三个杯子的位置，让婴儿猜猜糖果在哪个杯子下面。这个游戏可以培养婴儿的好奇心和求知欲，锻炼他的眼力，促进他的思维能力进一步发展，从而促进他的大脑进一步发育。

婴儿这时学会了“察言观色”

情绪表达

11 个月到 1 岁的婴儿出现了新的情绪——害羞和尴尬。比如，当他做了错事被大人批评的时候，他会感到害羞和尴尬。具体表现是，脸会泛红，身体会后倾，抿着嘴想躲起来。

这个月龄的婴儿也有了更多害怕的情绪。面对以前不害怕的情形，他现在可能会感到害怕，例如不愿意洗澡、害怕黑暗、害怕打雷等，甚至可能害怕家里吸尘器或空调发出的声音。当然，这都是正常的。这个阶段婴儿的想象力开始发展，他会把这些视听刺激和可怕的画面联系起来。也即，“自己吓自己”的阶段开始了。

情绪理解

这时候的婴儿发展出了探求他人表情背后的意义的能力。当看到妈妈不高兴时，他希望弄清楚是什么让妈妈不高兴。他的探求方式非常直接，他可能会盯着妈妈，发出各种声音试图与妈妈沟通；也可能会拥抱妈妈，摸摸妈妈的脸，试图让妈妈重新高兴起来。这是发展共情能力的前提。

社会参照能力

婴儿会通过参照外界信息确定他人的内在心理状态和偏好，并以此决定自己的行为，这使得婴儿可以摆脱许多险境。积极的社会性参照能

促使婴儿探索新奇情境和事物、扩大活动范围，更有利于其智力发展。

重要提示

快1岁的婴儿，可以听懂家长的很多话，也看得懂家长是什么心情。随着家长对婴儿的限制增多，婴儿会感到不安，所以这个时候家长要注意自己的语言和表情。

这个阶段的婴儿喜欢主动亲近小朋友，但这还不是真正意义上的同伴交往，他只是喜欢跟同龄人或比自己大的孩子在一起的感觉。他可能会摸摸对方，跟对方笑一笑，或看着对方高兴地做出拍打地面的动作。他还喜欢模仿别人的行为，听到别人哭他可能也会毫无缘由地哭起来；听到别人叫，他可能也会兴奋地大叫；看到别人玩玩具，他可能会去抢；等等。

这个阶段的婴儿会用自我调节的方式面对自己不愉快的情绪。比如：生气的时候会用嘴咬东西，甚至咬人；主动爬开或让妈妈抱起自己，以远离引起不愉快的人或事物；晃动自己的身体以表示紧张或寻求家长的帮助；等等。这表明婴儿开始学习用更多的方式调节自己的情绪。

用积极的支持让婴儿的情绪健康发展

这个阶段的婴儿情绪能力发展得很快，所以家长的养育方式一定要做相应调整。

研究表明，对婴儿的情绪漠不关心或过度否定，无论家庭收入如何，日后婴儿的认知和社会技能发展水平都会比较低。即使是很贫困的家庭，只要父母与婴儿的情绪互动是积极的，婴儿的心智发展水平也不会低于社会平均发展水平。

对婴儿的恐惧情绪要接纳并给予支持，不要否定和批评，不给他贴“胆小”的标签，否则他可能真的会胆小如鼠。

家长跟婴儿游戏时，要多表达自己的情绪，尤其是积极情绪。家长向婴儿表达情绪的时候，要多用一些不同的形容词，因为婴儿很快就会进入语言快速发展的阶段，这时候接受的语言输入越多，他就越能尽早地学会说话。

婴儿脾气大、不听话时，家长要科学引导，要看看自己制定的规则是否合理，要看看婴儿的需要是否可以通过其他方式满足。千万不要一上来就说“不”，否则孩子以后可能就会习惯说“不”。

附：11 ~ 12 个月婴儿能力促进亲子游戏

扶行取物：自己走走

游戏目标： 帮助孩子独立行走

游戏过程：

1. 一个看护人用有声响的玩具在对面引逗孩子，另一个看护人扶着孩子腋下，鼓励孩子向玩具走去。

2. 可以这样做：爸爸在孩了的背后保护他，妈妈站在孩了前边 米左右的地方用新颖的玩具引逗孩子走过去拿玩具。孩子拿到玩具后，妈妈抱起孩子亲吻、鼓励他。

可配合儿歌：

小玩具，在那里，
让我快快走过去。
一步一步迈大步，
拿到玩具笑嘻嘻。

温馨提示：

1. 孩子走不好时，看护人可以让孩子背对自己将两只脚分别放在自己的左右脚上，用自己的走动带动孩子走，帮助孩子感受向前迈、交替走的感觉。

2. 行走练习会消耗大量体力，每天可以练习 3 ~ 5 次，每次练习 3 ~ 5 分钟即可。

扶物下蹲：抠一抠，捡一捡

游戏目标： 练习扶物站、走，以及下蹲取物

游戏过程：

1. 妈妈提前制作一些小星星，并贴在墙壁上。

2. 播放歌曲《小星星》，引导孩子注意贴满小星星的墙壁，并让孩子用手抠一抠，然后引导孩子边扶墙走边抠小星星。

3. 鼓励孩子把抠下来的小星星贴到妈妈身上或自己身上。期间，妈妈可以有意将小星星弄到地上，以让孩子扶墙蹲下捡起来再贴到想贴的地方。

温馨提示：

不要让孩子把小星星放入嘴里，防止误吞。

手部动作：打开，合上

游戏目标： 锻炼手指分工合作的精细动作能力

游戏过程：

1. 看护人和孩子一起坐在垫子上玩装有各种小动物玩具的盒子。看护人要注意观察孩子，并顺应他的需要给予必要的帮助。如果孩子不知道怎么玩，看护人可以引导孩子拿起放有小动物的盒子晃一晃、听一听、猜一猜……然后鼓励孩子打开盒子，拿出玩具，玩完后再将玩具放进去并盖上盖子。对孩子的行为，要多鼓励，不要包办，更耐心等待。如果孩了不会玩，需要帮助时，看护人可以示范给孩子看。

可配合儿歌：

小盒子，真有趣，
打开取出小玩具。
玩具玩具我爱你，
玩完把你放盒里。

2. 看护人也可以边说儿歌边摆弄孩子小手，玩手指游戏，锻炼孩子手指的灵活性。

可配合儿歌：

合拢放开，合拢放开，小手摆一摆。
合拢放开，合拢放开，小手拍起来。
合拢放开，合拢放开，双手真能干。
合拢放开，合拢放开，玩具收起来。

3. 看护人还可以每天坚持和孩子一起看书，让孩子拿书、翻书，练习孩子的手部动作能力。

模仿发声：动物叫叫

游戏目标：促进孩子语言能力的发展

游戏过程：

看护人和孩子坐在一起，引导孩子一张一张看动物图片："这是什么动物？"鼓励孩子说出相应的动物名称，并鼓励孩子模仿动物的叫声："这是小猫，小猫怎样叫？"

可配合儿歌：

小鸡，小鸡，叽叽叽。
小鸭，小鸭，嘎嘎嘎。
小猫怎样叫？喵喵喵。
小狗怎样叫？汪汪汪。

温馨提示：

1. 坚持每天在孩子有需求的时候陪他一起看书，还可以在睡前安排固定时间和他一起翻阅图片或图书。

2. 看护人要了解孩子对图片和图书的熟悉程度，鼓励孩子说出相应的字或词，模仿喜欢的动物的叫声。

语言互动：节日好

游戏目标：促进语言能力发展，激发交往意愿

游戏过程：

看护人和孩子并排坐好。看护人拿出小鸡图片："我们一起看看什么动物来啦？"引导孩子看图片，说出动物名称。如果孩子说不出来，看护人引导孩子："这是小鸡，小鸡叫……"看护人一边引导孩子，一边观察，等待孩子发出"叽叽叽"的声音。然后，看护人拿出小鸭子的图片，挡住小鸭子的身体，请孩子猜猜："这是什么动物？"同时引导孩子学鸭叫"嘎嘎嘎"。也可以用小猫、小狗的图片玩此游戏。

可配合儿歌：

小动物，在一起，
高高兴兴做游戏。
小鸡叫，叽叽叽，
小鸭叫，嘎嘎嘎，
小猫叫，喵喵喵，
小狗叫，汪汪汪。
你叫我也叫，
大家节日好！

温馨提示：

1. 模仿动物叫时，看护人可以鼓励孩子边模仿边做动作。

2. 看护人和孩子交流时要叫孩子的名字，要像和大人交流一样。

视觉动作：美丽的布片

游戏目标：促进视觉动作能力发展，积累手眼协调、脚眼协调、耳眼协调经验

游戏过程：

1. 看护人为孩子准备一个光滑的不带刺儿的笸箩，在里面放上不同材质和颜色的布片，比如丝绸、细棉布、粗棉布、尼龙布、灯芯绒、天鹅绒、法兰绒等，拿到孩子面前，对孩子说："这是一个笸箩，里面有许多不同的布片。你看，这是红色的绒布，摸起来厚厚的、软软的。来，跟我一起说：'这是绒布。'"像这样逐一给孩子介绍布片，同时让孩子触摸和感知不同质地的布料，认识不同的颜色。

2. 当孩子能用手大把抓起布片的时候，看护人要教他学着做精细动作，如用一只手的拇指和食指对捏起一块布片，同时像这样告诉他："这是一块绿颜色的丝绸，它薄薄的、滑滑的、细细的、软软的……"让孩子在欣赏布料美丽的颜色的同时，体会布料的触感。

3. 看护人对孩子说："请你把这些美丽的布片都放到笸箩里。"然后观察孩子是不是能用眼睛指引精细动作。看护人还可以对孩子说："请你把这些美丽的布片放在自己脚上。"当五颜六色的布片盖满孩子小脚的时候，看护人问孩子："咦，宝宝的脚去哪里了？找找自己的脚！把脚抬起来将布片踢到一边儿去。"如果孩子听不懂，看护人可以帮他做这些事情，但是做的同时要看孩子的眼睛是不是在追踪自己脚上的动作。

温馨提示：

孩子视觉动作能力的训练，包括手眼协调、脚眼协调及耳眼协调训练。手眼协调是眼睛指引精细动作的能力。脚眼协调是眼睛指引粗大动作的能力。耳眼协调是听力与视觉的结合，对文字的书写和阅读非常关键。这些训练直接关系孩子今后的学习成绩、运动效果甚至生活质量。

坐站练习：坐一坐，站一站

游戏目标：帮助孩子练习坐和站的动作

游戏过程：

孩子情绪稳定时，看护人让孩子仰卧在床上或垫子上。看护人用孩子喜欢的有声响的玩具引逗孩子，之后把玩具放在高处。看护人边说儿歌边扶着孩子的双臂，让孩子坐起。然后，看护人双手托住孩子腋下，使孩子站立，并让其够到玩具。孩子情绪好的时候，看护人还可以帮助孩子在床上走走、跳跳。

可配合儿歌：

大手拉小手，我们都是好朋友。
扶着坐一坐，托起站一站，
床上跳一跳，宝宝长得高。

温馨提示：

1. 看护人扶着孩子双臂起身时要注意安全，千万不要太用力，以免孩子脱臼。

2. 孩子喜欢反复玩游戏，但容易疲劳。看护人要注意，玩 3 ～ 5 次后就要让孩子休息一会儿。可以给孩子做全身抚触，以缓解疲劳。

身体协调：抓白兔

游戏目标： 促进四肢协调，提升本体觉和平衡能力

游戏过程：

1. 让孩子感受抓着床栏站起来并且尝试向两边迈步的感觉。看护人在练习中要关注孩子是否牢牢抓住了栏杆。

2. 看护人举起玩具小白兔，对孩子说："这里有只小白兔，宝宝快来抓。"看护人可以用小白兔轻轻地在孩子的额头或身上其他地方碰触几下，以激发孩子去抓白兔的意向。然后，看护人把小白兔放在孩子只要稍稍努力就可以够着的地方，并慢慢逗引孩子走向目标。

3. 看护人也可以将一只小兔子玩具直接递给孩子，鼓励孩子一手抓

栏杆，一手接兔子。

温馨提示：

看护人在帮助孩子控制自身平衡的过程中，要积极鼓励孩子自如地站立，等孩子稳住身体后，再让孩子大胆地尝试迈步。在游戏中，看护人如果双手扶着孩子，可以在安全的情况下有意识地松开一只手让孩子不自觉地把自身重心移到看护人用手扶着的那一边。看护人这时要观察孩子，看看面对这种突然的变化，孩子是否能够快速调整姿势，保持身体平衡。

手眼协调：小鸟与鸟窝

游戏目标：练习手部准确抓握能力，促进手眼协调

游戏过程：

1. 看护人拿出一个玩具鸟窝，在里面放几个塑料鸟蛋，并亲切地对

孩子说："鸟妈妈生了几个蛋，趁着鸟妈妈去找吃的东西，我们来看一看鸟妈妈生的蛋。请宝宝把鸟蛋放到我手里。"每当孩子从鸟窝里拿出一个蛋，看护人都要赶紧用手接过来，用嘴亲一下，说一声："小鸟蛋，我爱你。"

2. 看护人对孩子说："过了几天，有小鸟从鸟蛋里飞了出来。"看护人边说边像变魔术似的从鸟窝拿起小鸟，并示范小鸟在空中飞来飞去。看护人说到"飞回去"时，让小鸟"飞"回鸟窝。接下来，看护人给孩子一只小鸟，和孩子各持一只小鸟，一起比画小鸟在空中飞来飞去。当看护人说"飞回去"时，看护人和孩子都按照指令，让自己手里的小鸟"飞"到鸟窝。

3. 把小鸟放入鸟窝后，看护人说"拿出来"，然后和孩子一起伸手从鸟窝里各拿出一只小鸟。

4. 带领孩子练习几次后，看护人不再用动作带领，只是发出动作指令，让孩子自己去做。

温馨提示：

1. 手部大动作的发展是精细动作发展的基本条件。桡侧手指抓握（拇指、食指、中指三指抓握）是手部动作发展的第二阶段。

2. 孩子的精细动作技能是良好的手眼协调的必要条件。在训练中，看护人要关注孩子是否将注意力集中到了手里正在做的事情上。

3. 这种训练有助于孩子将来灵活地翻书、绘画、写字、使用餐具、搭积木等。

身体认知：贴红点

游戏目标：促进本体觉发展，认识身体部位，训练手部动作的灵活性和准确性

游戏过程：

1. 看护人抱起孩子坐在一面大镜子前，对孩子说："宝宝是不是又长大了一些呢？你看看，我手里拿着一个红点贴纸，宝宝能把这个红点贴在自己的额头上吗？"看护人说完后帮助孩子把红点贴在自己的额头上。接着，看护人拿起另一个红点，对孩子说："宝宝，请把这个红点贴在肩膀上。"如此这般，直到看护人与孩子一起将红点分别贴在孩子头上、肩上、脸上、腿上……

2. 看护人面对面将孩子抱在怀里，之后对孩子说："宝宝能帮助我把红点贴在我身上吗？"看护人说完后将红点交到孩子手里，并跟孩子说："请把红点贴在我的额头上。"随后让孩子把红点分别贴在看护人的头上、肩上、脸上、腿上……

温馨提示：

手部动作的准确性和视觉运动的良好发展密不可分。

拇食指捏：两个好兄弟

游戏目标：提高手部肌肉的灵活性，发展手部精细动作，练习捏与抓

游戏过程：

1. 认识手指。看护人把孩子抱在怀里，将孩子的小手放在自己的

大手里。然后，看护人用轻柔的语气告诉孩子哪个是大拇指，哪个是食指，哪个是中指，哪个是无名指，哪个是小指。

2. 拇食指对捏。将准备好的水果卡片放在孩子面前，跟孩子说："请你用大拇指和食指把苹果卡片捏起来。"然后让孩子尝试捏的动作。当孩子用拇指和食指成功捏起卡片之后，看护人要给孩子鼓掌。

可配合儿歌：

大拇哥，二拇弟，
拇指食指做游戏，
捏东西，拿玩具，
宝宝越练越有趣。

3. 实物对照。看护人为孩子洗干净手，请孩子从果盘里拿出半个苹果。看护人用小勺儿刮苹果泥喂孩子，每喂一口苹果泥，对孩子说一句："宝宝吃的是苹果，苹果真甜啊！宝宝，你再用拇指和食指把苹果卡片拿过来看一看，卡片上的苹果和你吃的苹果长得一样吗？"

温馨提示：

1. 手是孩子认识事物的重要器官。孩子手部动作的发展主要是精细动作的发展。此时的孩子会经常张开手，可以伸直手指，能够做一些抓握动作。

2. 在手指游戏中，看护人要帮助孩子逐步进行五指的动作分化，这对提高孩子手部肌肉的灵活性、发展精细动作，可起到很大的促进作用。

向前投掷：小猫爱吃鱼

游戏目标：促进上肢运动能力发展

游戏过程：

1. 看护人拿出一条玩具小鱼，对孩子说："宝宝，你看这是一条玩具小鱼，小鱼的身体里放了一些豆子。请你拿在手里掂一掂、捏一捏、玩一玩，好好感受一下。"之后，边说儿歌边和孩子一起做掂的动作、捏的动作以及放下玩具鱼的动作。

可配合儿歌：

圆圆扁扁豆袋鱼，
拿到手里掂一掂。
两个手指捏一捏，
想想谁爱吃小鱼？

2. 看护人把毛绒玩具小猫抱到孩子跟前，对孩子说："我一叫小猫，你就鼓掌，跟它打招呼好不好？"随后，看护人边喊"小猫"边把小猫举起来，让孩子看清楚小猫的样子。孩子这时会通过鼓掌示意自己已经认识了小猫。

3. 看护人把小猫玩具放到离孩子一米远的地方，对孩子说："你的动物朋友小猫饿了，我们现在拿小鱼去喂它好不好？"

4. 看护人用一只手拿着小鱼，对孩子说："宝宝，你看我现在就用小鱼喂小猫。宝宝也来试一试吧！"然后，看护人逗引孩子抓住小鱼，并努力向前扔出去。

温馨提示：

孩子在做上肢动作训练时，要大把抓住小鱼。如果孩子只是用手指捏住小鱼，就扔不了多远。还有，看护人要关注孩子在将小鱼扔出时会不会看着目标。要提醒孩子，要看着小猫，才能把小鱼喂给小猫。这样才能最大可能预防手眼不协调的情况发生。

触觉感知：和按摩球一起玩儿

游戏目标：促进身体感知能力发展；通过抓与放的手部训练，刺激手部感知觉发展

游戏过程：

1. 看护人将几个感统训练器材——触觉按摩球放到孩子面前，拿起

一个对孩子说："宝宝，这个软软的小球球上面有许多小小的颗粒，我们现在用手抓一抓、捏一捏，哈哈！好痒啊！宝宝快来试一试吧！"接着，看护人边说儿歌边和孩子玩按摩球。

可配合儿歌：

按摩球，软软的，
抓手中，放掌心，
使劲儿压压变圆饼；
按摩球，圆圆的，
宝宝用脚蹬一蹬，
用脚踢球真有趣，
骨碌骨碌爬上山（将按摩球从宝宝手部一直滚到宝宝肩部），
骨碌骨碌滚下去（做相反动作）。

2. 看护人把按摩球放到孩子手上，让他用两只手攥住它。让孩子通过手臂、手腕、手掌、手指的动作感知按摩球上的小颗粒。

温馨提示：

孩子喜欢东摸摸、西碰碰，渴望触摸更多的东西，有些东西给他以舒服的感觉，有些则会使他感觉不舒服。在使用按摩球训练精细动作抓住与松手的过程中，孩子最直接的感受便是一个个小颗粒对触觉的刺激。经常给孩子玩颗粒按摩球，从某种程度上甚至可以预防皮肤的过度敏感。

抓放传递：抓住、放下和传递

游戏目标：促进动作计划能力发展，发展手眼协调能力，训练小肌肉群的控制能力，发展口腔运动机能

游戏过程：

1. 接住、放下。让孩子舒服地坐在高椅上，看护人递给他一些小块食物，让他接过去并放在自己的托盘里。

2. 拾起、放下。看护人演示怎样把东西拾起来，再放下，以及拾起来放到另一只手里。然后，让孩子模仿这一系列动作。

3. 准确传递。看护人鼓励孩子拾起一块食物放进看护人手里。

温馨提示：

帮孩子进行精细动作训练，目的在于提高手腕及手指小肌肉群的活动能力。孩子越能主动碰触身边的物体，他的动作计划能力越能更好地发展，运动技能由此便会得到大大提高。

目标抓取：给小鱼喂食物

游戏目标：训练手眼协调能力，促进精细动作发展

游戏过程：

1. 当孩子可以自如地坐在高椅上的时候，可以给他一些小块食物让他拾起来。这样的练习能让孩子的手更灵活。

2. 看护人将玩具摆放在某处，鼓励孩子爬过去拿玩具小虾喂给玩具小鱼吃。音乐开始时，孩子开始爬行。音乐停止时，看护人观察孩子是

不是把小虾喂给小鱼了。

3. 在音乐的伴随下，看护人让孩子在一堆玩具中找到玩具小鱼，并且把抓到的小鱼放到小桶里。当音乐停止后，看护人看孩子一共抓到了几条小鱼，和他一起数一数。

温馨提示：

孩子有选择地抓，并不是一个单一的动作。视觉、听觉、触觉与手指操作和手眼协调的结合，既可发展孩子的精细动作，又可促进手眼的协调、听力与动作的协调、触觉与运动的协调。

认知分辨：搭套碗

游戏目标：认识颜色、大小，发展手指、手掌和手腕的力量，促进手眼协调能力发展

游戏过程：

1. 看护人和孩子面对面坐好，然后拿出一套套碗，并从里面拿出颜色不同的碗，同时说出碗的颜色。每次不超过 3 种颜色。

2. 当 3 种颜色的套碗都摆放在孩子面前时，看护人说出一种颜色，并鼓励孩子和看护人一起找出相应颜色的套碗。如果孩子用眼神或小手找出相应的套碗，看护人应及时给予鼓励，亲吻孩子。

3. 看护人引导孩子逐一触摸套碗，让孩子感知手感滑滑的套碗。

4. 看护人和孩子一起一层一层搭套碗，一边搭一边说出不同套碗的颜色。

温馨提示：

将不同大小的套碗，按照从小到大或者从大到小的规律摆放，或者

按照下面大、上面小的规律进行搭建，或者让孩子用手拿着套碗进行比较，是很好的认知训练及上肢力量训练。